北京市康达律师事务所
BEIJING KANGDA LAW FIRM

康达文库　　　丛书主编
律师解读司法观点丛书　唐新波

劳动人事争议裁判精要

主　编
唐新波

副主编
熊梦颖　王　敏　赵玉来

知识产权出版社
全国百佳图书出版单位
—北京—

图书在版编目（CIP）数据

劳动人事争议裁判精要/唐新波主编 . —北京：知识产权出版社，2021. 10
（律师解读司法观点丛书）
ISBN 978-7-5130-7594-7

Ⅰ. ①劳…　Ⅱ. ①唐…　Ⅲ. ①劳动争议—仲裁—案例—中国　Ⅳ. ①D922. 591. 5

中国版本图书馆 CIP 数据核字（2021）第 131776 号

责任编辑：庞从容　　　　　　　　　　责任校对：谷　洋
执行编辑：包洛凡　　　　　　　　　　责任印制：刘译文

劳动人事争议裁判精要

唐新波　主编

出版发行：**知识产权出版社** 有限责任公司	网　　址：http：//www. ipph. cn
社　　址：北京市海淀区气象路 50 号院	邮　　编：100081
责编电话：010-82000860 转 8726	责编邮箱：pangcongrong@163. com
发行电话：010-82000860 转 8101/8102	发行传真：010-82000893/82005070/82000270
印　　刷：三河市国英印务有限公司	经　　销：各大网上书店、新华书店及相关专业书店
开　　本：710mm×1000mm　1/16	印　　张：9.75
版　　次：2021 年 10 月第 1 版	印　　次：2021 年 10 月第 1 次印刷
字　　数：200 千字	定　　价：68.00 元
ISBN 978-7-5130-7594-7	

序

由康达律师事务所律师们编写的"律师解读司法观点丛书"陆续出版了，这是有着三十多年历史的大所立足丰富的办案经验，对经典案例和典型司法观点的系统总结，是律师界的一件大事，可喜可贺！

随着裁判文书的公开，人们可以查询详尽的案件信息，也为我们深入研究法官如何裁判提供了便利。在对已经公开的裁判文书进行研究的过程中，人们也发现了一些问题，同案不同判的情况不仅在不同法院存在，甚至个别地方同一法院也存在这一现象，引人关注，值得深思。

应当说，如何认定案件事实以及如何进行法律适用与法官的认识密不可分，法官的认识反映到判决里，就形成了司法观点。近代以来，我国深受成文法法律传统影响，案例不得作为法律渊源直接引用，但是同案不同判的问题，亟待解决，就此而言，解读司法观点就是一个很好的探索。最高人民法院经常会发布指导性案例，审判实践中法官也会判后释法，康达所的律师们通过对最高人民法院和地方各级人民法院具有典范意义案件所进行的分析，提炼出典型司法观点，并进行解读，具有积极意义。这项工作一可以梳理和总结律师的执业经验，二可以向群众普法，三可以给法律职业共同体提供借鉴。律师们工作紧张繁忙，能够抽出时间编写本丛书，实在是难能可贵。

2020年新冠肺炎疫情期间，康达律师在深入研究的基础上，分工合作，按照最高人民法院的案由，选取经典案例，精练总结司法观点，开启了本丛书的编写。作为有历史、有底蕴的大所，康达所不仅承办过不少有重大影响的案件，还关注有关实务和理论问题，值得嘉许！

《中华人民共和国民法典》已经于2020年5月28日由十三届全国人大三次会议表决通过，并于2021年1月1日施行，希望康达律师结合学习和研究《民法典》的心得体会，把学习和研究成果融入到丛书的编写中。

期待康达律师更多更好的作品，祝愿康达律师事务所越办越好。

是为序。

中国人民大学法学院

2021年3月于中国人民大学明德法学楼

主要法律文件"全称—简称"对照表

全　称	简　称
《中华人民共和国劳动法》	《劳动法》
《中华人民共和国劳动合同法》	《劳动合同法》
《最高人民法院民事案件案由规定》	《民事案件案由规定》
《中华人民共和国社会保险法》	《社会保险法》
《中华人民共和国公务员法》	《公务员法》
《中华人民共和国劳动争议调解仲裁法》	《劳动争议调解仲裁法》
《最高人民法院关于审理劳动争议案件适用法律若干问题的解释（三）》	《劳动争议司法解释（三）》
《最高人民法院关于审理劳动争议案件适用法律若干问题的解释（四）》	《劳动争议司法解释（四）》
《中华人民共和国工伤保险条例》	《工伤保险条例》
《中华人民共和国职业病防治法》	《职业病防治法》
《中华人民共和国民事诉讼法》	《民事诉讼法》
《中华人民共和国失业保险条例》	《失业保险条例》
《中华人民共和国劳动合同法实施条例》	《劳动合同法实施条例》
《中华人民共和国民法典》	《民法典》

目 录

第一章 确认劳动关系纠纷

一、确认劳动关系纠纷概述

劳动法通过设定一系列的标准给予纳入其调整范围的劳动关系主体以特别的保护。劳动关系范围的宽窄决定着劳动法保护的力度，对于劳动者而言很重要。

为了完善劳动合同制度，明确劳动合同双方当事人的权利和义务，全国人大常委会于 2007 年 6 月制定了《劳动合同法》。该法自 2008 年 1 月 1 日起实施，适用于中华人民共和国境内的企业、个体经济组织、民办非企业单位等组织（以下称用人单位）与劳动者建立劳动关系，订立、履行、变更、解除或者终止劳动合同的情形。与《劳动法》比较，《劳动合同法》扩大了适用范围，将"民办非企业单位等组织"规定为用人单位，还将事业单位聘用制工作人员、劳务派遣人员、非全日制用工劳动者纳入其保护范畴。"《劳动合同法》以构建和发展和谐稳定的劳动关系为宗旨，力图使劳动者和企业形成利益共同体、事业共同体、命运共同体和使命共同体，这才是这部法律的真正价值所在。"[1]

最高人民法院发布的《民事案件案由规定》中，确认劳动关系纠纷作为第四级案由包含在劳动争议项下，该纠纷是指劳动者与用人单位就劳动关系是否存在、劳动关系是否终止和劳动关系是否有效等发生的争议。确认劳动关系纠纷作为一种确认之诉，通常由劳动关系的实体权利义务当事人进行主张，在劳动者主张事实劳动关系存在时为积极的确认之诉，在用人单位主张不构成事实劳动关系时为消极的确认之诉。

---

[1] 唐鑛、刘兰：《〈劳动合同法〉的价值重塑与制度创新——基于劳动关系多元论视角》，载《法律科学（西北政法大学学报）》2016 年第 3 期。

确认劳动关系纠纷大多是由用工不规范所导致的，一般而言，劳动者与用人单位都存在一定的问题。此类案件的个人方往往对建立和维护劳动关系的意识淡薄，固化证据意识也相对较弱。一些单位出于降低用工成本等原因选择规避劳动合同，或以别的合同之名掩盖此法律关系之实。

对于劳动争议类案件而言，法律、法规、规章、司法解释（含复函、纪要）、地方劳动行政部门文件等均有部分内容涉及劳动关系的认定，但这些内容不尽一致，仲裁机构和法院在选择裁判依据时存在一定困难。可以说，"在确认劳动关系纠纷案件，特别是涉及非典型用工关系案件中，存在裁判思维不明晰、认定标准不统一、审理要点不突出等显著问题"[2]。

二、事实劳动关系的认定

在有的情况下，一个劳动者可能会与不同的用人单位存在人事关系或劳动关系，发生纠纷后，裁判标准的确定对于维护劳动者的权益而言非常重要。《最高人民法院公报》2019 年第 12 期（总第 278 期）刊登的江苏澳吉尔生态农业科技股份有限公司与曾某峰确认劳动关系纠纷案就是一个典型的案例。

（一）典型案例

☞ **江苏澳吉尔生态农业科技股份有限公司与曾某峰确认劳动关系纠纷案**[3]
【关键词】合同　合同约定

| 基本案情 |

原告（二审上诉人）：江苏澳吉尔生态农业科技股份有限公司，法定代表人：田春芝；被告（二审被上诉人）：曾某峰。

原告江苏澳吉尔生态农业科技股份有限公司（以下简称澳吉尔公司）因与被告曾某峰发生确认劳动关系纠纷，向江苏省盱眙县人民法院提起诉讼。

原告江苏澳吉尔生态农业科技股份有限公司起诉称：2015 年 9 月 1 日，被告曾某峰到原告处上班。经原告了解，被告系盱眙县水务局职工，双方存在劳

---

〔2〕　王丽：《确认劳动关系纠纷案件的裁判思路与审理要点——以一起非典型用工关系案件为分析样本》，载《法律适用（司法案例）》2018 年第 2 期。
〔3〕　《最高人民法院公报》2019 年第 12 期（总第 278 期）。

动关系，且被告养老、医疗保险均在该单位缴纳，故原告与被告之间签订《劳务雇佣合同书》，对双方的权利义务予以约定。后被告在工作中遭受事故伤害，向盱眙县劳动人事争议仲裁委员会申请仲裁，要求确认原被告之间存在劳动关系。该委员会作出的仲裁裁决书认为双方存在劳动关系。对此，原告认为：（1）原被告之间是雇佣关系还是劳动关系应当以当事人签订的合同以及签订合同时的背景作为依据，鉴于被告与盱眙县水务局之间存在的劳动关系并未解除，原告才与被告签订雇佣合同。因此，双方之间的法律关系是明确的，即是雇佣关系而非劳动关系。（2）雇佣关系与劳动关系有许多相同之处，作为劳动者或者雇员均与雇主或用人单位存在人身依附关系，雇员或劳动者均要履行遵守规章制度、接受工作安排等义务，享有获取劳动报酬等权利，而仲裁裁决书以合同书的内容推定双方之间系劳动关系而非雇佣关系，缺乏事实与法律依据。请求判决原被告之间不存在劳动关系。

被告曾某峰辩称：（1）被告自 2015 年 9 月 14 日正式到原告澳吉尔公司处上班，任明祖陵绿博园基地经理一职，并签订了一年的劳动合同，合同截止日期为 2016 年 9 月 13 日。到期后双方又续签了一年劳动合同，截至诉讼时未解除合同。（2）被告于 1992 年 12 月进入盱眙县水务局下属单位上班，但因单位效益不好，已经停薪待岗多年。原单位因考虑到被告实际困难，所以一直帮被告缴纳社会保险。但上述事实与原被告之间是否存在劳动关系没有任何关联。综上，请求法院判决双方存在劳动关系，以便被告进入工伤认定程序，获得劳动者应有的权利。

盱眙县人民法院一审查明：2015 年 9 月 14 日，原告澳吉尔公司（甲方）与被告曾某峰（乙方）签订《劳务雇佣合同书》，约定：一、甲方雇用乙方为明祖陵基地经理，乙方需在甲方明祖陵基地的日常生产经营和管理方面提供劳务。二、劳务期限：本合同自签订之日起一年，期满前一个月双方可协商续订；期满不再续订时，乙方必须办理交接手续……三、甲方每月 15 号左右，以工资名义，用现金或转账形式支付乙方劳务报酬 5650 元，乙方应于收到劳务报酬之日起，三个工作日内向甲方出具收条。四、双方的义务和责任。1. 乙方同意根据甲方需要担任基地经理一职，根据甲方制定的该岗位责任书（详见附件）的内容和要求提供劳务，完成明祖陵基地的生产经营及管理。2. 乙方接受甲方对其提供劳务的考核。未经甲方许可，乙方不得从事与受雇劳务无关的活动或业务。3. 乙方应尽心尽责提供服务，不得以权谋私、损害甲方利益并在提供劳务过程中，遵守甲方制定的《员工手册》中员工应遵守的规定及处罚规定，并同意在违反时按照其中相对应的内容接受甲方的处理，从劳务费中给付、扣除或结算……六、其他。1. 甲方有权对公司的《员工手册》和管理制度进行相应修改。修改公布后的内容，乙方已经通过相应途径知悉、了解的，对应条款适用于本合同的履行。2. 甲方有权在本合同有效期内，根据需要调整乙方的岗位职责、劳务范围，劳务报酬等事项也将作出相应调整。甲方作出上述调整后，乙方在一个支付报酬周期内无异议的，视为乙方接受上述调整和安排。七、本合同的附件如下：附件一：《保密协议》；附件二：《岗位职责书》；附件三：甲方制定的《员工手册》及有关规定。被告自协议签订之日遂入职原告处担任基地经理一职，按原告要求从事相应工作，原告也向其发放工作牌，按照公司管理制度对被告进行考勤、考核并按月发放工资。2016 年 9 月一年期满后，双方又续签一份合同。

2016 年 12 月 18 日，被告曾某峰在工作中受伤，此后双方就该事宜协商不成，曾某峰遂未再至原告澳吉尔公司处上班。2017 年 2 月，曾某峰向盱眙县劳动人事争议仲裁委员会申请确认与澳吉尔公司的劳动关系。盱眙县劳动仲裁委员会经审理认为，双方虽签订的是劳务雇佣合同，但澳吉尔公司制定的各项规章制度适用于曾某峰，曾某峰受澳吉尔公司的劳动管理，被安排有报酬的劳动，该劳动是澳吉尔公司的业务组成部分，故裁决确认双方之间存在劳动关系。

另查明，被告曾某峰系盱眙县三墩电灌站职工，属事业单位在编人员。但因官滩镇三墩电灌站属于财政定额补助的事业单位，其收入无法正常发放职工工资，一年只能发放 10000 元左右的生活费，曾某峰等多名职工外出自谋职业以维持生存，仅在农忙灌溉季节回电灌站从事相应工作。

|裁判结果| 一审裁判：确认原告江苏澳吉尔生态农业科技股份有限公司与被告曾某峰之间存在劳动关系。

一审宣判后，澳吉尔公司不服，向淮安市中级人民法院提起上诉。二审裁定驳回上诉，维持原判。

|裁判依据| 澳吉尔公司认为：（1）澳吉尔公司与曾某峰之间签订的合同明确约定双方之间是劳务关系，而非劳动关系；（2）曾某峰与澳吉尔公司签订劳务合同时，系盱眙县水务局事业编制人员，不属于《劳动争议司法解释（三）》第八条规定的四类人员。另外，我国《公务员法》规定，经批准参照公务员法管理的具有公共事务管理职能的事业单位中除工勤人员以外的工作人员不能和其他单位建立劳动关系。因此，无论从《劳动合同法》还是从《公务员

法》来说，澳吉尔公司与曾某峰之间均不可能建立法律意义上的劳动关系。

淮安市中级人民法院经二审，确认了一审查明的事实。

淮安市中级人民法院二审认为，本案争议焦点为上诉人澳吉尔公司与被上诉人曾某峰之间是劳动关系还是劳务关系。合同性质的认定不能仅凭合同名称，应当根据合同内容所涉及的法律关系，即合同双方当事人所设立权利义务内容来确定。就本案而言，虽然上诉人澳吉尔公司与被上诉人曾某峰所签订的合同名称为"劳务雇佣合同书"，但该合同内容却反映出澳吉尔公司制定的各项规章制度适用于曾某峰，曾某峰受澳吉尔公司的劳动管理，从事澳吉尔公司安排的有报酬的劳动，且曾某峰提供的劳动是其业务的组成部分，故该合同约定的权利义务内容并不符合劳务合同的法律特征，而与劳动关系法律特征相符，因此应当认定本案所涉合同性质为劳动合同。

虽然在与上诉人澳吉尔公司签订合同之后，被上诉人曾某峰与盱眙县三墩电灌站之间仍然存在人事关系，但由于单位经费等多方面原因，双方并未保持正常的履行状态。澳吉尔公司上诉所称应参照适用的《公务员法》中不得兼职的限制条件，是在保障公务员及相应人员正常的基本生活水平的前提下确定的，现盱眙县三墩电灌站发放的生活费难以维持正常生存，在此情况下，曾某峰至澳吉尔公司处工作，并不违反法律限制性规定。

综上，上诉人澳吉尔公司的上诉请求不能成立，二审法院予以驳回；一审判决认定事实清楚，适用法律正确，二审法院予以维持。

（二）裁判旨要

劳动者按用人单位岗位要求提供劳动，受用人单位管理，以自己的劳动获取劳动报酬，符合劳动法律关系特征的，应当认定劳动者与用人单位之间存在劳动关系。即使劳动者与其他单位存在人事关系，但在非劳动者自身原因导致该人事关系未正常履行且劳动者从其他单位取得的报酬不足以维持基本生活的情况下，用人单位以劳动者与其他单位存在人事关系为由，否认其与劳动者之间存在劳动关系的，人民法院不予支持。

（三）律师评析

劳动关系的认定是相应的劳动立法以及劳动纠纷案件处理中必须面对的一

个基本问题。作为劳动争议案件的基本类型之一，确认劳动关系是解决未签劳动合同双倍工资、经济补偿金、违法解除劳动合同赔偿金、加班工资等争议的先决条件，关涉劳动者的切身利益。

1. 确认劳动关系的三个判断标准

在劳动争议类案件中，确认劳动关系纠纷案件占了不小的比例，绝对数量也较大。[4] 因此，在处理确认劳动关系案件争议时，判断标准很重要。法院确认劳动关系一般会参考原劳动和社会保障部 2005 年《关于确立劳动关系有关事项的通知》中所列的三项要件：第一，用人单位和劳动者符合法律、法规规定的主体资格；第二，用人单位依法制定的各项劳动规章制度适用于劳动者，劳动者受用人单位的劳动管理，从事用人单位安排的有报酬的劳动；第三，劳动者提供的劳动是用人单位业务的组成部分。这三条标准实际上包括了对"用人单位""劳动行为""劳动者"三方面的考察。后面两个要件体现了劳动关系的从属性特征。"在劳动关系认定中，第二个要件往往是最为核心和关键的问题，这也就是决定劳动关系认定中的隶属关系或者管理与被管理关系。"[5]

在本案中，法院判断劳动关系就运用了上述标准。二审法院认为，虽然上诉人澳吉尔公司与被上诉人曾某峰所签订的合同名称为《劳务雇佣合同书》，但并不能据此认定双方之间为劳务关系。澳吉尔公司制定的各项规章制度适用于曾某峰，曾某峰受澳吉尔公司的劳动管理，且提供的劳动是其业务的组成部分，与劳动关系法律特征相符，因此本案合同应认定为劳动合同。

2. 如何认定劳动关系的从属性

我国规定了强制劳动标准，但是企业往往以最低标准约束自己，而对劳动者的义务则进行了非常详尽的规定，甚至还出现严苛的"工作纪律""规章制度"等附合契约，使得劳资双方形成人身从属关系。劳动者在劳动关系中从属于用人单位，并不拥有自主决定权。因此，从属性构成了劳动关系的基本属性，是判断某种社会关系是否是劳动关系的最重要依据。在劳动法学界，"从属性标准"作为劳动关系的认定标准已被普遍认可。

要准确认定劳动的从属性，需要考量三个方面：第一，人身从属性。"人

---

[4] 2020 年 7 月 31 日，在中国裁判文书网上，以劳动争议为关键词搜索，得到检索结果为 2415890 条，以案由确认劳动关系纠纷为条件搜索，得到检索结果为 69272 条。

[5] 王丽：《确认劳动关系纠纷案件的裁判思路与审理要点——以一起非典型用工关系案件为分析样本》，载《法律适用（司法案例）》2018 年第 2 期。

身从属性"是指劳动者向用人单位提供劳动时，将其人身在一定限度内交给了用人单位。考量的主要因素包括：劳动者要服从用人单位的工作纪律和其他规章制度，例如工作时间、工作流程、请假休假的规定等；劳动者要服从用人单位的指示；劳动者有接受监督和检查的义务；劳动者有因违反规定接受用人单位内部处罚的义务。第二，经济从属性。劳动者对用人单位既有经济收入上的依靠，也有经济风险上的依靠，体现了经济从属性。经济从属性主要体现为几个方面：由用人单位提供劳动原材料和生产工具；劳动者并不需要自担风险；劳动者享有获得劳动报酬和劳动福利的权利。第三，组织从属性。强调用人单位的组织性，劳动者需分工合作，有组织地工作是从属性的另一种表现。

3. 构成事实劳动关系的常见情形

劳动合同是劳动者维权的第一步，俗话说"口说无凭"，现实中大量劳动者吃亏就在于没有证据。而劳动合同是劳动关系的直接反映，是最有力的证据。实践中，有时候虽然劳动者签订的是劳务合同，但实际上已经构成了劳动关系。第一种情况是合同名为劳务合同，但内容上却与劳动合同相同，双方建立的是劳动关系。第二种情况是合同名称和内容都属于劳务合同，但在具体履行中，劳动者是作为用工单位中的一员，接受单位的管理，遵守单位的规章制度进行劳动，构成了事实上的劳动关系。在本案中，虽然双方签订的是《劳务雇佣合同书》，但是实际履行符合劳动关系的特征。所以，劳动者和用人单位之间到底是劳务关系还是劳动关系，不能只看合同名称，还要看合同的具体内容以及劳动者与用人单位之间在劳动过程中的关系。

（四）相关法条及司法解释

《中华人民共和国劳动法》

第二条　在中华人民共和国境内的企业、个体经济组织（以下统称用人单位）和与之形成劳动关系的劳动者，适用本法。

国家机关、事业组织、社会团体和与之建立劳动合同关系的劳动者，依照本法执行。

第十六条　劳动合同是劳动者与用人单位确立劳动关系、明确双方权利和义务的协议。

建立劳动关系应当订立劳动合同。

第七十七条 用人单位与劳动者发生劳动争议，当事人可以依法申请调解、仲裁、提起诉讼，也可以协商解决。

调解原则适用于仲裁和诉讼程序。

《中华人民共和国劳动争议调解仲裁法》

第二条 中华人民共和国境内的用人单位与劳动者发生的下列劳动争议，适用本法：

（一）因确认劳动关系发生的争议；

（二）因订立、履行、变更、解除和终止劳动合同发生的争议；

（三）因除名、辞退和辞职、离职发生的争议；

（四）因工作时间、休息休假、社会保险、福利、培训以及劳动保护发生的争议；

（五）因劳动报酬、工伤医疗费、经济补偿或者赔偿金等发生的争议；

（六）法律、法规规定的其他劳动争议。

《中华人民共和国劳动合同法》

第二条 中华人民共和国境内的企业、个体经济组织、民办非企业单位等组织（以下称用人单位）与劳动者建立劳动关系，订立、履行、变更、解除或者终止劳动合同，适用本法。

国家机关、事业单位、社会团体和与其建立劳动关系的劳动者，订立、履行、变更、解除或者终止劳动合同，依照本法执行。

第七条 用人单位自用工之日起即与劳动者建立劳动关系。用人单位应当建立职工名册备查。

三、末位淘汰考核机制合法性的综合判断

近年来，末位淘汰考核机制日益受到关注，并得到营利性企业，尤其是大公司的广泛使用。末位淘汰考核机制本身存在"客观上必然有人被淘汰"的特性，导致其与《劳动法》《劳动合同法》的强制性规定相冲突。司法实践中，法院不断作出关于末位淘汰考核机制的否定性结论以保护劳动者的合法权益。(2019) 陕 1002 民初 1572 号与 (2019) 陕 10 民终 683 号涉及的商洛欢笑时光影城有限责任公司与常某劳动合同纠纷案就是一个末位淘汰考核机制被法院否定的典型案例。

（一）典型案例

☞ 商洛欢笑时光影城有限责任公司与常某劳动合同纠纷案[6]

【关键词】劳动合同　末位淘汰　双倍工资差额

│ **基本案情** │

原告（二审上诉人）：商洛欢笑时光影城有限责任公司；被告（二审被上诉人）：常某。

被告常某于2013年11月9日入职案外人陕西文投商洛影城有限公司，在运营部门从事票房工作，劳动合同期限至2018年12月31日，并约定被告工资实行岗位工资制度，具体组成为基本工资加绩效工资，若被告工作部门、工作岗位发生变动，则其工作地点也由案外人作出相应调整。2018年1月1日，案外人与原告方签订了影院资产委托管理协议，约定案外人已经聘用的工作人员，原告方无条件重新录用，并同意将前述员工相应劳动合同和社保关系变更和转移至原告方，但员工不同意与原告方签订劳动合同的除外。

原书面劳动合同到期后，案外人、原告方均未与被告签订书面劳动合同，但被告仍在原告欢笑时光影城正常工作。2019年2月21日，原告方以被告考核居末位为由，口头通知被告在月底前自行寻找新单位，或到期未联系到新单位，可继续回单位上班，但需调整岗位及薪资待遇，调整后的薪资待遇将以商洛市最低工资标准为准。之后被告要求原告安排工作岗位，原告方明确表示无岗位可安排。原告方从2018年3月起为被告发工资，直至2019年2月。2019年3月，被告向陕西省商洛市商州区劳动仲裁委员会申请劳动仲裁，裁决结果为原告支付被告赔偿金26435.31元、未签劳动合同双倍工资6994.75元；驳回其他仲裁请求。原告不服该仲裁，诉至商洛市商州区人民法院，请求判令原告无须支付被告赔偿金26435.31元，或由原告支付被告未签订劳动合同双倍工资差额3800元。

商州区人民法院经审理认为，本案争议焦点为原告是否违法解除与被告常某的劳动关系。根据已查明事实，被告在考核中居末位并不代表被告不能胜任工作，原告依此提出让被告自谋职业或予以调岗降薪，致使双方产生纠纷，之

----

[6] （2019）陕1002民初1572号；（2019）陕10民终683号。

后被告要求原告安排工作，而原告明确表示无岗位安排。被告认为原告对其构成变相辞退，事实清楚，证据充分。在双方无法就变更或解除劳动关系问题达成一致意见的情况下，原告已构成单方解除劳动关系，劳动关系解除违法，故被告要求支付赔偿金理由成立，违法解除劳动关系赔偿金按被告应得经济补偿金的双倍计算。

被告在与原用人单位的劳动合同履行期间，非因自身原因被原用人单位安排到原告处工作，原用人单位未支付被告相应的经济补偿，故原告应支付经济补偿。被告工作年限应从 2013 年 11 月 9 日计至 2019 年 2 月底。被告此前的 12 个月平均工资应按被告应得工资计算，据此核定被告应得的违法解除劳动关系赔偿金为 29066.07 元。因被告认可仲裁核定的 26435.31 元，故对被告常某的主张予以支持。

对于未签订书面劳动合同的双倍工资的核算，原告于 2018 年 4 月即对被告实际用工但未与被告签订书面劳动合同。事实上，在案外人与被告常某的劳动合同截止日期之前，原告与被告订立劳动合同存在障碍，仲裁裁决由原告支付被告 2019 年 1 月 1 日至 2 月底前的未签订劳动合同双倍工资差额部分核算为 6994.75 元，被告常某在诉讼中对此无异议，予以支持。

｜裁判结果｜ 一审判决：由原告支付被告违法解除劳动关系赔偿金 26435.31 元、未签订书面劳动合同双倍工资差额部分 6994.75 元。

一审宣判后，原告不服，向商洛市中级人民法院提起上诉。

二审判决：驳回上诉，维持原判。

｜裁判依据｜ 二审中，双方当事人均没有向法庭提交新证据，二审查明的事实与一审判决认定的一致。

商洛市中级人民法院经审理认为，上诉人的所谓"考核居于末位"本质上就是末位淘汰，其目的在于解除劳动关系，并非是正常行使单位的用人管理权。因此上诉人认为其不存在违法解除劳动关系的理由不能成立，据此判决驳回上诉，维持原判。

（二）裁判旨要

应根据企业末位淘汰条款是作为劳动合同的解除条款、工作岗位调整的条件，还是作为用工录用条件等，区别不同情形综合判断末位淘汰内容是否违反了法律规定，是否超出企业自主经营权范畴。

（三）律师评析

末位淘汰制度因与劳动者的权益保护相冲突，导致很多劳动争议案件的产生。在此类纠纷中，法院一般会综合判断末位淘汰制度是否具有合法性，以寻求劳动者权益保护与用人单位自主经营权之间的平衡。

1. 末位淘汰制度的含义与司法机关的处理态度

末位淘汰制度，"是指工作单位根据本单位的总体目标和具体目标，结合各岗位的实际情况，设定一定考核指标体系，以此指标体系为标准对员工进行考核，根据考核结果对得分靠后的员工进行淘汰的绩效管理制度"[7]。换言之，末位淘汰就是用人单位制定一个考核制度，然后对员工进行考核，经过考核将排名靠后的人员予以淘汰、辞退的一种管理方法。该制度于 20 世纪 90 年代初被引入我国，在众多企业中被大力推行，却因其不利于劳动者权益保护而一直备受争议。[8] 一方面末位淘汰制有积极的作用，在客观上调动了职工的工作积极性，有利于用人单位的机构精简、效率提升等；但另一方面也有消极的影响，如有损劳动者人格尊严、违反法律规定、损害劳动者合法权益等。

"我国劳动立法是基于保护劳动者就业权的价值取向，故历来有关规范性文件都是否定末位淘汰制度的合法性的。"[9] 2016 年 11 月 21 日，最高人民法院印发的《第八次全国法院民事商事审判工作会议（民事部分）纪要》明确，用人单位在劳动合同期限内通过"末位淘汰"或"竞争上岗"等形式单方解除劳动合同，劳动者可以用人单位违法解除劳动合同为由，请求用人单位继续履行劳动合同或者支付赔偿金。

2. 末位淘汰制度的几种表现形式

在实践中，末位淘汰制度主要表现为以下几种形式：

第一，用人单位将末位淘汰作为员工试用期转正的硬性条件。用人单位在录用新员工时，往往与新员工约定了一定期限的试用期。末位淘汰是很多用人单位检验新员工能否胜任岗位工作的重要手段，因此很多用人单位都将末位淘汰条款作为考查新员工是否达到转正条件的重要条款。

---

[7] 付建国、张伟、王凯：《末位淘汰制度的司法运用》，载《人民司法（案例）》2020 年第 11 期。

[8] 张焰：《末位淘汰制的劳动法评析》，载《中国证券期货》2011 年第 7 期。

[9] 胡哲：《末位淘汰制下解雇行为的合法性辨析》，载《人民司法（案例）》2020 年第 11 期。

第二，用人单位把末位淘汰当作单方解除劳动合同的措施。有的用人单位在绩效考核规定中将处于末位的职工予以无条件辞退，这实际上是将末位淘汰作为单位解除劳动合同的要件。上述常某与其用人单位劳动争议案件中，单位对含被告常某在内的部分员工以考核居于末位为由，口头通知其在2019年2月底之前自谋职业，这明显属于用人单位单方解除劳动关系的霸王条款。

第三，用人单位将末位淘汰作为不能胜任工作的要件。在用人单位与劳动者之间的劳动争议案件中，有些用人单位为避免司法机关对通常情形下的末位淘汰的否定，便采取一个策略，在其规章制度中规定末位淘汰条款作为劳动者不能胜任工作的要件。用人单位对劳动者不进行培训或正当调整其工作岗位，而是给予其一定缓冲期限，然后再根据最后排名情况，决定是否予以解除劳动合同；或当即对劳动者的岗位进行大调整，大幅降低其工资待遇。

3. 末位淘汰机制的司法认定与处理

末位淘汰并非严格意义上的法律用语，但在社会生活中却广泛存在。为了解决实践中的问题，最高人民法院于2013年11月8日对外发布了指导性案例，即指导案例18号。该案例的裁判要点是劳动者在用人单位等级考核中居于末位等次不等同于不能胜任工作，不符合单方解除劳动合同的法定条件，用人单位不能据此单方解除劳动合同。由此可见，最高人民法院传递的司法政策导向为：用人单位不能以末位淘汰为依据单方面解除劳动合同。这为全国解决相似案件提供了指导和参考。

但也不能认为所有末位淘汰条款均无效，而应根据具体情形来综合分析，属于企业用人自主权范畴的，司法机关不应过多干涉。当然，违反法律规定侵犯劳动者合法权益的，司法就有介入的必要。

（四）相关法条及司法解释

《中华人民共和国劳动法》

第二条　在中华人民共和国境内的企业、个体经济组织（以下统称用人单位）和与之形成劳动关系的劳动者，适用本法。

国家机关、事业组织、社会团体和与之建立劳动合同关系的劳动者，依照本法执行。

第十六条　劳动合同是劳动者与用人单位确立劳动关系、明确双方权利和义务的协议。

建立劳动关系应当订立劳动合同。

第二十五条 劳动者有下列情形之一的，用人单位可以解除劳动合同：

（一）在试用期间被证明不符合录用条件的；

（二）严重违反劳动纪律或者用人单位规章制度的；

（三）严重失职、营私舞弊，对用人单位利益造成重大损害的；

（四）被依法追究刑事责任的。

第二十六条 有下列情形之一的，用人单位可以解除劳动合同，但是应当提前三十日以书面形式通知劳动者本人：

（一）劳动者患病或者非因工负伤，医疗期满后，不能从事原工作也不能从事由用人单位另行安排的工作的；

（二）劳动者不能胜任工作，经过培训或者调整工作岗位，仍不能胜任工作的；

（三）劳动合同订立时所依据的客观情况发生重大变化，致使原劳动合同无法履行，经当事人协商不能就变更劳动合同达成协议的。

第七十七条 用人单位与劳动者发生劳动争议，当事人可以依法申请调解、仲裁、提起诉讼，也可以协商解决。

调解原则适用于仲裁和诉讼程序。

《中华人民共和国劳动争议调解仲裁法》

第二条 中华人民共和国境内的用人单位与劳动者发生的下列劳动争议，适用本法：

（一）因确认劳动关系发生的争议；

（二）因订立、履行、变更、解除和终止劳动合同发生的争议；

（三）因除名、辞退和辞职、离职发生的争议；

（四）因工作时间、休息休假、社会保险、福利、培训以及劳动保护发生的争议；

（五）因劳动报酬、工伤医疗费、经济补偿或者赔偿金等发生的争议；

（六）法律、法规规定的其他劳动争议。

《中华人民共和国劳动合同法》

第二条 中华人民共和国境内的企业、个体经济组织、民办非企业单位等组织（以下称用人单位）与劳动者建立劳动关系，订立、履行、变更、解除或者终止劳动合同，适用本法。

国家机关、事业单位、社会团体和与其建立劳动关系的劳动者，订立、履行、变更、解除或者终止劳动合同，依照本法执行。

第七条　用人单位自用工之日起即与劳动者建立劳动关系。用人单位应当建立职工名册备查。

第二章　劳务派遣合同纠纷

一、劳务派遣合同纠纷概述

2008 年 1 月 1 日《劳动合同法》施行后，劳务派遣作为一种新型用工方式得到广泛适用，但由于其运行中存在诸多不规范之处，反而在一定程度上成为众多公司规避法律责任的途径。这与劳务派遣法律关系的独特之处是分不开的。劳务派遣法律关系是在劳务派遣单位、用工单位和被派遣劳动者三方之间形成的法律关系。劳务派遣最显著的特征就是劳动力的雇佣和使用相分离，形成了复杂的"有关系没劳动，有劳动没关系"的特殊形态。[1]

《劳动合同法》将被派遣劳动者与派遣单位之间的关系定性为"劳动合同关系"，而对用工单位与被派遣劳动者之间的法律关系并没有给予明确的规定。对于用工单位与被派遣劳动者之间法律关系的定性，劳动法理论界的意见是有分歧的。有观点认为，二者之间的关系可以称为"准劳动关系"，是一种劳动法上的与劳动关系相似的法律关系。[2] 也有观点认为，在劳务派遣中，派遣机构与要派企业是派遣劳工的共同雇主。[3] 由于《劳动合同法》在劳务派遣单位与用工单位的责任分担、劳务派遣中劳动者的同工同酬待遇、派遣关系的解除等方面存在不完善之处，劳务派遣用工争议案件逐渐成为多发的劳动争议案件类型。

在实践中，我们发现，劳务派遣用工争议案件以群体性诉讼为主，往往是

---

[1] 覃曼卿：《劳务派遣退回制度研究：以解雇保护为中心》，载《政法学刊》2015 年第 1 期。
[2] 参见林嘉主编：《劳动合同法热点问题讲座》，中国法制出版社 2007 年版。
[3] 参见董保华：《论劳动力派遣中的理论问题》，载董保华主编：《劳动合同研究》，中国劳动社会保障出版社 2005 年版。

多人同时起诉，诉讼的标的、争议的焦点相同，有的劳务派遣争议案件一次成诉多达数十件。这些案件一旦处理不当，容易引发群体性涉法涉诉信访案件。在这类案件中，历史遗留问题普遍比较多，处理起来难度较大。

二、接触职业病危害作业劳动者的特殊保护

对于从事接触职业病危害作业的劳动者，法律规定了特殊的保护措施。用人单位要想与从事接触职业病危害作业的劳动者解除或终止劳动关系，需要先对其进行健康检查，这是法定的义务。对于此类纠纷，法律是有保护的倾向性的。《最高人民法院公报》2017 年第 5 期（总第 247 期）刊登的张某杰诉上海敬豪劳务服务有限公司等劳动合同纠纷案就是一个典型的案例。

（一）典型案例

☞ **张某杰诉上海敬豪劳务服务有限公司等劳动合同纠纷案**[4]
【关键词】无效合同撤销

| 基本案情 |

原告（二审上诉人）：张某杰；被告（二审被上诉人）：上海敬豪劳务服务有限公司；被告（二审被上诉人）：中海工业（上海长兴）有限公司。

原告张某杰因与被告上海敬豪劳务服务有限公司（以下简称敬豪公司）、中海工业（上海长兴）有限公司（以下简称中海公司）发生劳务派遣合同纠纷，向上海市崇明县人民法院提起诉讼。

原告张某杰诉称：2007 年 10 月，原告与上海兴旭劳务服务有限公司签订劳动合同，公司法定代表人是王某清。2010 年 1 月，原告被转入同为王某清担任法定代表人的被告敬豪公司。自 2007 年 10 月起，原告被派往被告中海公司担任电焊工。2014 年 1 月 13 日，敬豪公司与原告签订协商解除劳动合同协议书，原告要求进行离职前职业健康检查，敬豪公司承诺签订协议后安排原告体检，但第二天即反悔。经原告向有关部门投诉后，敬豪公司才安排原告进行体检。原告认为与敬豪公司签订的协商解除劳动合同协议书系敬豪公司提供的格式合同，

----

〔4〕《最高人民法院公报》2017 年第 5 期（总第 247 期）。

协议书虽称系原告提出解除劳动关系，实则是敬豪公司提出解除劳动关系。原告提起诉讼，要求敬豪公司自2014年1月13日起恢复与原告的劳动关系。

被告敬豪公司、中海公司辩称：敬豪公司与原告张某杰已于2014年1月13日达成解除劳动关系的协议，并支付补偿金。现原告已离开被告处一年多，故不同意恢复劳动关系。

一审法院查明，2010年1月，原告张某杰与被告敬豪公司建立劳动关系后被派遣至被告中海公司担任电焊工，双方签订最后一期劳动合同的期限为2010年1月1日至2014年6月30日。2014年1月13日，敬豪公司（甲方）与原告（乙方）签订协商解除劳动合同协议书，协议中载明：甲、乙双方一致同意劳动关系于2014年1月13日解除，双方的劳动权利义务终止；甲方向乙方一次性支付人民币48160元，以上款项包括解除劳动合同的经济补偿、其他应得劳动报酬及福利待遇等。敬豪公司于2014年1月21日向原告支付人民币48160元。

2014年4月，原告张某杰经上海市肺科医院诊断为电焊工尘肺一期。2014年12月10日，原告经上海市劳动能力鉴定委员会鉴定为"职业病致残程度七级"。2014年11月27日，原告向上海市崇明县劳动人事争议仲裁委员会申请仲裁，要求自2014年1月13日起恢复与敬豪公司的劳动关系。该委员会裁决对于原告的请求事项不予支持。

｜裁判结果｜ 上海市崇明县人民法院依照《劳动合同法》第三十六条、第四十一条、第四十二条之规定，于2015年6月24日作出一审判决：对于原告张某杰要求与被告上海敬豪劳务服务有限公司自2014年1月13日起恢复劳动关系的诉讼请求不予支持。

张某杰不服，向上海市第二中级人民法院提起上诉，称：张某杰与敬豪公司虽于2014年1月13日签订了协商解除劳动合同协议书，但由于敬豪公司的缘故，直到2014年12月张某杰才被鉴定为"职业病致残程度七级"。敬豪公司未安排其在离职前体检，违反了《职业病防治法》的相关规定，故之前不能解除劳动合同。因此，请求法院判令自2014年1月13日起恢复张某杰与敬豪公司的劳动关系。

被上诉人敬豪公司、中海公司共同辩称：双方系经协商一致解除劳动合同，上诉人张某杰经鉴定为"职业病致残程度七级"，与其解除劳动关系不违反《劳动合同法》的相关规定，故不同意与张某杰恢复劳动关系。综上，请求驳回张某杰的上诉请求。

上海市第二中级人民法院经二审，确认了一审查明的事实。

二审裁判结果：上海市第二中级人民法院依照《职业病防治法》第三十六

条、《工伤保险条例》第三十七条、《民事诉讼法》第一百七十条第一款第
（二）项之规定，于2015年11月12日作出判决：（1）撤销上海市崇明县人民
法院（2015）崇民一（民）初字第1021号民事判决；（2）上诉人张某杰与被
上诉人上海敬豪劳务服务有限公司自2014年1月13日起恢复劳动关系至2014
年12月10日止。本判决为终审判决。

｜裁判依据｜ 二审法院认为，本案的争议焦点为：从事接触职业病危害作
业的劳动者未进行离岗前职业健康检查的，用人单位与劳动者协商一致解除劳
动合同是否当然有效。

根据《劳动合同法》第四十二条第一款的规定，从事解除职业病危害作业
的劳动者未进行离岗前职业健康检查的，用人单位不得依照该法第四十条、第
四十一条的规定解除劳动合同。此款规定虽然没有排除用人单位与劳动者协商
一致解除劳动合同的情形，但根据《职业病防治法》第三十五条的规定，"对从
事接触职业病危害的作业的劳动者，用人单位应当按照国务院安全生产监督管
理部门、卫生行政部门的规定组织上岗前、在岗期间和离岗时的职业健康检查，
并将检查结果书面告知劳动者……对未进行离岗前职业健康检查的劳动者不得
解除或者终止与其订立的劳动合同"。因此，安排从事接触职业病危害作业的劳
动者进行离岗职业健康检查是用人单位的法定义务，该项义务并不因劳动者与
用人单位协商一致解除劳动合同而当然免除。

本案中，双方于2014年1月13日签订的协商解除劳动合同协议书并未明确
上诉人张某杰已经知晓并放弃了进行离岗前职业健康检查的权利，且张某杰于
事后亦通过各种途径积极要求被上诉人敬豪公司为其安排离岗职业健康检查。
因此，张某杰并未放弃对该项权利的主张，敬豪公司应当为其安排离岗职业健
康检查。在张某杰的职业病鉴定结论未出之前，双方的劳动关系不能当然解除。

2014年12月10日，上诉人张某杰被鉴定为"职业病致残程度七级"。根据
《工伤保险条例》第三十七条规定，职工因工致残被鉴定为七级至十级伤残的，
劳动、聘用合同期满终止，或者职工本人提出解除劳动、聘用合同的，由工伤
保险基金支付一次性工伤医疗补助金，由用人单位支付一次性伤残就业补助金。
因此，鉴于双方签订的劳动合同原应于2014年6月30日到期，而张某杰2014
年12月10日被鉴定为"职业病致残程度七级"，依据《工伤保险条例》的规
定，用人单位可以终止到期合同，故张某杰与被上诉人敬豪公司的劳动关系应
于2014年12月10日终止。

（二）裁判旨要

从事接触职业病危害作业劳动者未进行离岗前职业健康检查的，用人单位不得解除或终止与其订立的劳动合同。即使用人单位与劳动者已协商一致解除劳动合同，解除协议也应认定无效。

（三）律师评析

尽管我国法律规定了劳务派遣一般在临时性、辅助性或者替代性的工作岗位上实施，但是，许多用人单位使用派遣职工的广度和深度均超过了法律的规定，因此产生的纠纷也比较多。

1. 用工单位与被派遣劳动者之间的法律关系

从具体的社会情况来看，在被派遣劳动者与用工单位之间并不存在直接的合同关系。被派遣劳动者与用工单位之间的权利义务直接来源于法律的规定，而不是基于双方之间存在的合同关系。这是劳务派遣的特殊之处，也影响着劳务派遣纠纷当事人的诉讼资格。

2. 劳务派遣纠纷当事人的诉讼资格

《劳动合同法》生效之前，《劳动法》第二条确立了以是否存在劳动关系作为确认劳动争议当事人资格的标准。依据该标准，用工单位因为不是劳动关系的主体而不具备劳动争议当事人资格，劳务派遣争议的当事人是劳务派遣单位和被派遣劳动者。《最高人民法院关于审理劳动争议案件适用法律若干问题的解释（二）》第十条突破了《劳动法》关于劳动争议当事人的规定，将用工单位纳入因劳务派遣发生的劳动争议的当事人的范围。虽然该司法解释制定时并无实体法依据，但是可依法理解释为用工单位和劳务派遣单位基于对被派遣劳动者共同债务或共同侵权而应承担连带责任，从而成为劳动争议案件的共同被告。《劳动争议调解仲裁法》第二十二条对劳务派遣争议当事人资格进行特别规定，将用工单位纳入劳动仲裁当事人范围内，因此，在劳动仲裁程序中，劳务派遣单位和用工单位是共同的申诉人或被申诉人。[5]

---

〔5〕 侯玲玲：《我国劳动派遣连带责任规定之法理分析——评〈劳动合同法〉第92条规定》，载《法学》2008年第5期。

3. 法律对涉及从事接触职业病危害作业的劳动者的偏重保护

职业病是指企业、事业单位和个体经济组织的劳动者在职业活动中，因接触粉尘、放射性物质和其他有毒、有害物质等而引起的疾病。各国法律都有对于职业病预防方面的规定，一般来说，只有符合法律规定的疾病才能称为职业病。根据卫生部等四部门联合颁发的《职业病范围和职业病患者处理办法的规定》第四条，职业病诊断应按《职业病诊断管理办法》及其有关规定执行。在涉及从事接触职业病危害作业的劳动者的纠纷中，法律的偏重保护很重要。

在本案中，二审法院将本案的争议焦点概括为：从事接触职业病危害作业的劳动者未进行离岗前职业健康检查的，用人单位与劳动者协商一致解除劳动合同是否当然有效。二审法院认为，根据《职业病防治法》第三十五条的规定，安排从事接触职业病危害作业的劳动者进行离岗前职业健康检查是用人单位的法定义务，该项义务并不因劳动者与用人单位协商一致解除劳动合同而当然免除。因此，本案的二审法院作出了与一审法院不同的判决。

（四）相关法条及司法解释

《中华人民共和国劳动法》

第二条 在中华人民共和国境内的企业、个体经济组织（以下统称用人单位）和与之形成劳动关系的劳动者，适用本法。

国家机关、事业组织、社会团体和与之建立劳动合同关系的劳动者，依照本法执行。

《中华人民共和国劳动合同法》

第二条 中华人民共和国境内的企业、个体经济组织、民办非企业单位等组织（以下称用人单位）与劳动者建立劳动关系，订立、履行、变更、解除或者终止劳动合同，适用本法。

国家机关、事业单位、社会团体和与其建立劳动关系的劳动者，订立、履行、变更、解除或者终止劳动合同，依照本法执行。

《中华人民共和国职业病防治法》

第三十五条 对从事接触职业病危害的作业的劳动者，用人单位应当按照国务院卫生行政部门的规定组织上岗前、在岗期间和离岗时的职业健康检查，并将检查结果书面告知劳动者。职业健康检查费用由用人单位承担。

用人单位不得安排未经上岗前职业健康检查的劳动者从事接触职业病危害

的作业；不得安排有职业禁忌的劳动者从事其所禁忌的作业；对在职业健康检查中发现有与所从事的职业相关的健康损害的劳动者，应当调离原工作岗位，并妥善安置；对未进行离岗前职业健康检查的劳动者不得解除或者终止与其订立的劳动合同。

职业健康检查应当由取得《医疗机构执业许可证》的医疗卫生机构承担。卫生行政部门应当加强对职业健康检查工作的规范管理，具体管理办法由国务院卫生行政部门制定。

三、临时劳务派遣员工工伤待遇

在社会生活中因工伤原因造成劳动者死亡的情形是比较常见的。因工伤死亡就涉及因工伤死亡待遇的问题，相关方协商不成就会引起劳动争议。处理好此类劳动争议的关键在于确认劳动法律关系、正确认定工伤及工伤待遇。宜都市陆城秦港砂石厂诉李某林、付某秀纠纷案就是一个典型的案例。

（一）典型案例

☞ 宜都市陆城秦港砂石厂诉李某林、付某秀纠纷案[6]

【关键词】劳务派遣　工伤　工伤待遇

| 基本案情 |

原告（二审上诉人）：宜都市陆城秦港砂石厂；被告（二审被上诉人）：李某林、付某秀；第三人：郭某华。

付某发于 2002 年 5 月 16 日受雇于湖北宜都市陆城秦港砂石厂（以下简称秦港砂石厂）从事装卸工作，2002 年 8 月 10 日晚，经秦港砂石厂负责人覃某波同意，被"建华一号"工程船船主郭某华临时雇请为"建华一号"工程船卸毛石压舱。晚上 9 时左右郭某华用生活船将付某发等人接到"建华一号"工程船上，毛石全部卸完后，郭某华付给付某发工钱，并用生活船将他送至宜都市陆城秦港码头（秦港砂石厂专用码头）91 号机驳船上。2002 年 8 月 11 日凌晨 1 时左右，付某发从 91 号机驳船过档到秦港号货船时，从两船间落入清江河中淹溺死亡。

------

〔6〕 （2004）都民初字第 338 号；（2005）宜民一终字第 185 号。

事故发生后，宜都市政府组织安监局等部门组成调查组对事故进行调查，认定事故的性质是一起劳动安全责任事故，2003 年 7 月 22 日，宜都市劳动和社会保障局作出了《关于认定付某发为因工死亡的决定》。其后付某发的父母李某林和付某秀诉请宜都市劳动争议仲裁委裁决。

劳动争议仲裁委认为，秦港砂石厂与死者付某发生前存在事实劳动关系，无证据表明付某发与郭某华有劳动法律关系。由于付某发的死亡被认定为工亡，其遗属应享受工亡待遇。付某发之父李某林按规定不符合享受亲属抚恤金的条件，不能享受；付某发之母付某秀符合享受供养亲属抚恤金的条件，应当享受。申诉人要求秦港砂石厂支付尸体存放处理费、尸体运输费、差旅住宿生活补助费，予以支持。

劳动争议仲裁委作出了（2004）都劳仲裁字第 9 号裁决，内容如下：（1）秦港砂石厂应支付申诉人丧葬补助金 3798.96 元（633.16 元/月×6 个月）。（2）秦港砂石厂应支付申诉人一次性工亡补助金 30391.68 元（633.16 元/月×48 个月）。（3）秦港砂石厂应支付申诉人付某秀供养亲属抚恤金 21882.24 元（7598 元/年×30%×12 年×80%）。（4）秦港砂石厂应支付申诉人尸体存放处理费 1586 元，尸体运输费 1500 元，差旅住宿等费用（票据）1089 元。（5）郭某华不负赔偿责任。

秦港砂石厂对此不服，认为付某发系从事第三人雇请的工作完工后，由于自身的原因意外死亡，此损害后果与其没有因果关系，并基于此理由，以付某发之父李某林、之母付某秀为被告诉至湖北省宜都市人民法院，请求法院判决其在该案中不承担民事责任。郭某华以第三人的身份参加了诉讼。

| 裁判结果 | 一审法院判决秦港砂石厂给付被告李某林、付某秀丧葬补助金 3798.96 元，一次性工亡补助金 30391.68 元；支付被告付某秀供养亲属抚恤金 21882.24 元，工亡认定费 50 元，共计人民币 56122.88 元。第三人郭某华不负民事责任。

秦港砂石厂不服一审判决，上诉至湖北省宜昌市中级人民法院。

二审裁决：驳回上诉，维持原判。

| 裁判依据 | 一审法院经审理认为，原告秦港砂石厂与死者付某发生前存在事实劳动关系。付某发经过该厂负责人覃某波同意，为郭某华卸毛石，完工后在返回途中溺水身亡，宜都市劳动和社会保障局作出了《关于认定付某发为因工死亡的决定》，原告应该依据《企业职工工伤保险试行办法》的规定给付某发遗属工亡待遇。

二审确认原审查明的事实属实，上诉人与付某发生前存在事实劳动关系。

付某发经过该厂负责人覃某波同意，为郭某华卸毛石，完工后在返回途中溺水身亡，宜都市劳动和社会保障局作出了《关于认定付某发为因工死亡的决定》，原审采信并无不当，上诉人称付某发与其不存在因工死亡的法律关系的理由不能成立。原审根据相关法规进行审理并作出判决，适用法律亦无不当。

（二）裁判旨要

用人单位同意与其有劳动关系的劳动者为他人临时从事短期劳务，没有对相关事务进行具体约定的，职工发生工伤事故，应该由原用人单位承担工伤待遇给付责任。

（三）律师评析

工伤认定在劳动法的实践中是比较普遍的，也容易引起关注。有篇新闻稿《法官在家加班猝死，因一个细节，人社局认定不是工伤！》[7]，引起了广泛的关注与讨论。河北一法官在家写判决书身亡，没想到，因为一个细节，人社局认定其不是工伤。该法官妻子将人社局告上了法院。在家工作猝死到底算不算工伤？

1. 工伤认定的具体情形

哪些情形才能算作工伤？哪些不能算作工伤？需要明白这其中的标准。根据《工伤保险条例》第十四条的规定，职工有下列情形之一的，应当认定为工伤：（1）在工作时间和工作场所内，因工作原因受到事故伤害的；（2）工作时间前后在工作场所内，从事与工作有关的预备性或者收尾性工作受到事故伤害的；（3）在工作时间和工作场所内，因履行工作职责受到暴力等意外伤害的；（4）患职业病的；（5）因工外出期间，由于工作原因受到伤害或者发生事故下落不明的；（6）在上下班途中，受到非本人主要责任的交通事故或者城市轨道交通、客运轮渡、火车事故伤害的；（7）法律、行政法规规定应当认定为工伤的其他情形。

根据《工伤保险条例》第十五条的规定，职工有下列情形之一的，视同工伤：（1）在工作时间和工作岗位，突发疾病死亡或者在48小时之内经抢救无效死亡的；（2）在抢险救灾等维护国家利益、公共利益活动中受到伤害的；

---

[7]《法官在家加班猝死，因一个细节，人社局认定不是工伤！》，澎湃网，https：//www.thepaper.cn/newsDetail_forward_4503970。

（3）职工原在军队服役，因战、因公负伤致残，已取得革命伤残军人证，到用人单位后旧伤复发的。

2. 工伤事故的处理程序

对于劳动者而言，工伤事故的处理程序很重要，关系到后续的赔偿能否获得支持。一般而言，工伤事故处理的程序主要包括：（1）先通过劳动争议仲裁认定存在事实劳动关系（有劳动合同时不需此程序）；（2）认定劳动关系后再申请认定为工伤，包括认定后可能发生的诉讼；（3）做劳动技能鉴定评定伤残等级（特别注意不是司法鉴定）；（4）根据鉴定结果进行劳动争议仲裁，主张工伤赔偿。

在每个工伤案件中，关于劳动法律关系的确认都是非常重要的。在本案中，付某发与宜都市陆城秦港砂石厂之间应该属于事实劳动关系，这是处理本案的一个关键点。事实劳动关系是指用人单位与劳动者没有签订劳动合同，但双方实际履行了劳动权利义务而形成的劳动关系。对事实劳动关系的认定，应根据其主体、客体和内容三要素考量。对于本案而言，确认了付某发与宜都市陆城秦港砂石厂之间的事实劳动关系后，就能认定付某发等人为郭某华卸毛石压舱是宜都市陆城秦港砂石厂与郭某华之间的一种劳务合同关系，也是宜都市陆城秦港砂石厂的一种临时劳务派遣行为。

3. 工伤认定的重要标准

工伤是指职工在生产劳动中所发生的或与之相关的人身伤害，包括事故伤残和职业病以及因这两种情况造成的死亡。工伤认定的过程实际就是一个法益权衡的过程，人力资源和社会保障部门一般会考虑三个要素：第一，劳动者受到了人身伤害。第二，伤害的发生对劳动者而言是意想不到的。第三，伤害的发生与工作之间存在因果关系。判断因果关系较为通行的标准为由工作引起并在工作中发生。从劳动关系的从属性来看，工作时间不仅包括工作、加班时间，还包括作业时间内合理的中断和休息时间，以及从事临时指派工作、上下班途中时间等。工作地点不仅包括日常工作场所，还包括职工食堂、卫生间以及其他临时工作地点和往返路途等。[8] 就本案而言，当事人争议的焦点之一是死者付某发是否因工死亡。结合上述三个要素看，付某发在与秦港砂石厂存在事实劳动关系的情况下，受该厂的指派（派遣），临时为第三人工作。在工作过程中，因意想不到的原因出现了死亡的伤害后果，应当认定为工伤。二审法院认

---

[8] 林嘉、魏丽：《工伤认定一般条款之立法思考》，载《法学杂志》2008 年第 1 期。

为宜都市劳动和社会保障局作出的《关于认定付某发为因工死亡的决定》，原审予以采信并无不当。这种做法符合《劳动法》和《最高人民法院关于审理劳动争议案件适用法律若干问题的解释》的相关规定。

（四）相关法条及司法解释

《中华人民共和国劳动法》

第二条 在中华人民共和国境内的企业、个体经济组织（以下统称用人单位）和与之形成劳动关系的劳动者，适用本法。

国家机关、事业组织、社会团体和与之建立劳动合同关系的劳动者，依照本法执行。

《中华人民共和国工伤保险条例》

第十四条 职工有下列情形之一的，应当认定为工伤：

（一）在工作时间和工作场所内，因工作原因受到事故伤害的；

（二）工作时间前后在工作场所内，从事与工作有关的预备性或者收尾性工作受到事故伤害的；

（三）在工作时间和工作场所内，因履行工作职责受到暴力等意外伤害的；

（四）患职业病的；

（五）因工外出期间，由于工作原因受到伤害或者发生事故下落不明的；

（六）在上下班途中，受到非本人主要责任的交通事故或者城市轨道交通、客运轮渡、火车事故伤害的；

（七）法律、行政法规规定应当认定为工伤的其他情形。

第十五条 职工有下列情形之一的，视同工伤：

（一）在工作时间和工作岗位，突发疾病死亡或者在48小时之内经抢救无效死亡的；

（二）在抢险救灾等维护国家利益、公共利益活动中受到伤害的；

（三）职工原在军队服役，因战、因公负伤致残，已取得革命伤残军人证，到用人单位后旧伤复发的。

职工有前款第（一）项、第（二）项情形的，按照本条例的有关规定享受工伤保险待遇；职工有前款第（三）项情形的，按照本条例的有关规定享受除一次性伤残补助金以外的工伤保险待遇。

第三章　追索劳动报酬纠纷

一、追索劳动报酬纠纷概述

一般认为，劳动报酬是指在劳动关系中，用人单位因劳动者履行劳动义务而支付的货币对价，包括工资、奖金、佣金、补助、加班费等。[1]追索劳动报酬纠纷是指劳动者与用人单位在履行劳动合同期间，因劳动报酬所发生的争议。用人单位与劳动者之间由于各种原因产生报酬纠纷，也是难以避免的事情。近年来，随着我国市场经济的快速发展，劳动市场发展也取得了长足进步，但随之而来的围绕劳动报酬发生的纠纷也呈现逐年增长的趋势。劳动报酬纠纷的发生，不仅使正常的劳动关系得不到维护，还会使劳动者的合法利益受到损害，不利于社会的稳定。

《劳动法》第九十一条规定："用人单位有下列侵害劳动者合法权益情形之一的，由劳动行政部门责令支付劳动者的工资报酬、经济补偿，并可以责令支付赔偿金：（一）克扣或者无故拖欠劳动者工资的；（二）拒不支付劳动者延长工作时间工资报酬的；（三）低于当地最低工资标准支付劳动者工资的；（四）解除劳动合同后，未依照本法规定给予劳动者经济补偿的。"上海市第一人民法院蔡建辉、刘皓法官的《追索劳动报酬纠纷案件的审理思路和裁判要点》对劳动报酬纠纷作了比较详细的归纳和论述，明确此类案件与其他劳动争议案件的区别在于，该类案件涉及对劳动者报酬请求权和用人单位工资分配权的平衡保护问题，如在劳动报酬与福利待遇的区分、加班工资基数的计算等方面存在困难，年终奖支付、佣金支付的条件难以确定等。因此，有必要在典型案例的基

---

[1]　程小勇、张政斌：《附条件劳动报酬的法律属性及其司法应用》，载《云南大学学报（法学版）》2013 年第 6 期，第 89 页。

础上，对劳动报酬争议案件的审理思路和审判要点进行提炼。鉴于劳动报酬纠纷的典型性，《民事案件案由规定》将"追索劳动报酬纠纷"确定为第三级案由。

二、用人单位行使管理职权，应当依法有据

根据《劳动法》规定，用人单位对所属劳动者享有相应的行政管理权。对不服从管理的劳动者，可以依据《劳动合同法》及单位内部依照民主程序制定的管理制度，行使经济处罚、调整岗位甚至解除劳动合同的权利。在行使管理职权过程中，应当依法有据，不得明显超过合理范围，据以处罚的事实证据应当确实充分。否则，可能会承担相应的不利责任。

（一）典型案例

☞ 江某某与南通中集能源装备有限公司追索劳动报酬纠纷案[2]

【关键词】劳动报酬　管理制度　劳动纪律

| 基本案情 |

原告：江某某；被告：南通中集能源装备有限公司。

原告于2011年1月22日开始在被告处上班，工作岗位为综合管理部安全员基层管理岗。2014年3月1日双方续订劳动合同，合同期限至2019年3月31日。2015年5月12日，被告以原告不能胜任岗位工作为由，对原告作出待岗调薪决定，每月仅发放工资1873元。2015年11月25日，被告口头辞退原告，但一直不肯出具书面辞退证明。原告依法向南通市港闸区劳动人事争议仲裁委员会申请仲裁，该仲裁委裁决被告一次性给付原告2015年5月至2015年6月未足额发放的工资差额4217元，对原告的其他诉请不予支持。原告收到仲裁裁决书后，基于裁决书载明原告与单位目前劳动关系处于存续状态，向被告出函询问是否同意原告回原部门、原岗位并按照原岗位原工资标准6090元/月发放劳动报酬，望单位在收到询问函两日内给予书面答复。被告人力资源部主管收到信件并拆封后拒收退回。原告认为，被告待岗降薪决定没有依据，且违法解除劳

----

〔2〕　（2016）苏0611民初479号。

动合同，仲裁裁决错误，故在规定期限内提起诉讼：（1）要求被告支付2015年5月至12月未足额发放的工资差额33784元及拖欠工资经济补偿金8446元；（2）支付违法解除劳动合同赔偿金60960元；（3）要求被告退还饭卡余额1000元。

┃裁判结果┃ 一审判决：南通中集能源装备有限公司于本判决生效后十日内一次性向江某某支付2015年5月至2015年12月的工资差额20598.67元；驳回江某某的其他诉讼请求。

┃裁判依据┃ 用人单位拥有自主管理权，但行使权利时应当合法、合理、有据，不得随意变更劳动者岗位或降低劳动者的待遇。被告南通中集能源装备有限公司作出待岗降薪的处罚缺乏相应的事实依据。即便原告江某某事实上存在不服从管理的行为，公司可以行使相应的管理权及处罚权，但作出的处罚应当符合公司规章制度的规定，而非随意作出处罚决定。被告无证据证明其与劳动者协商一致后作出调岗决定；作出的待岗降薪决定也无相关规章制度的依据，显然不符合合法、合理、有据的要求。综上，被告对江某某作出待岗降薪决定无事实及处罚依据，法院认定该行为违法，被告应当按照江某某待岗前一年的平均工资标准向原告江某某补发工资24815.67元（5916.95×8－3390.93－2727×6－2767）。被告南通中集能源装备有限公司已给付4217元，还需给付20598.67元。

（二）裁判旨要

用人单位无证据证明与劳动者协商一致后作出调岗决定，作出的待岗降薪决定也无相关规章制度的依据，显然不符合合法、合理、有据的要求。若用人单位对员工作出待岗降薪决定无事实及处罚依据，则认定该行为违法，用人单位应当向员工补发工资。

（三）律师评析

现代民商法服务于市场经济，作为全国经济最发达地区之一的江苏，在劳动纠纷领域的司法研究与实践也是走在全国前列的，南通市港闸区人民法院审理的一审（2016）苏0611民初479号江某某与南通中集能源装备有限公司追索劳动报酬纠纷一案很好地反映了此类纠纷的特点，具有一定的参考价值。

1. 用人单位的规章制度的制定及施行必须合乎法律规范

企业在制定涉及职工切身利益的规章制度时，应当严格遵守《劳动法》和《劳动合同法》的有关规定。一方面，规章制度的制定程序应当合法；另一方面，规章制度的内容应当有效，防范因规章制度失效而引发劳动报酬争议的法律风险。用人单位在决定工作时间、保险福利、休息休假、劳动纪律、劳动报酬等重大事项时，必须讨论批准职工代表大会的决定，并与职工代表协商确定修改后的制度。在重大事项协商过程中，职工代表有权提出修改意见，共同参与劳动关系管理规章制度的制定，确保规章制度的内容合法。企业在制定规章制度时，要按照相关法律法规的具体规定制定，确保各项制度规定都有法可依，在规章制度中保护劳动者的基本权利，增强规章制度的合法性。此外，在规章制度施行时，应当尽量以文件形式进行宣传，或者编制、印制职工手册，或者作为劳动合同的附件，并通过正规合法渠道告知员工，确保所有员工都已阅读并知晓新的规章制度，防止规章制度的效力瑕疵。[3]

2. 规章制度的合法性瑕疵可能导致用人单位承担不利后果

根据《劳动法》与《劳动合同法》的规定，用人单位对职工享有相应的行政管理权利。对不服从管理的劳动者，可以根据《劳动合同法》和本单位内部按照民主程序制定的管理制度，行使经济处罚权、工作岗位调整权乃至劳动合同解除权。在管理职权的行使中，应当依法有据，且不应明显超出合理范围，处罚所依据的事实应当可靠、充分。否则，用人单位可能承担相应的责任。[4] 因此，应当正确把握劳动报酬纠纷的特点，妥善处理劳动报酬纠纷。本案例中，用人单位对江某某待岗降薪的处罚缺乏相应的事实依据。即使江某某不服从管理，用人单位的处罚也应符合规章制度，而不能任意处罚。

（四）相关法条及司法解释

《中华人民共和国劳动合同法》

第四十七条 经济补偿按劳动者在本单位工作的年限，每满一年支付一个月工资的标准向劳动者支付。六个月以上不满一年的，按一年计算；不满六个月的，向劳动者支付半个月工资的经济补偿。

---

〔3〕 郭鹏：《企业劳动关系管理法律风险及有效防范分析》，载《法制与社会》2020年第16期，第69—70页。
〔4〕 陈艳：《如何制定有效适用的规章制度》，载《中国工会财会》2020年第7期，第48—49页。

劳动者月工资高于用人单位所在直辖市、设区的市级人民政府公布的本地区上年度职工月平均工资三倍的，向其支付经济补偿的标准按职工月平均工资三倍的数额支付，向其支付经济补偿的年限最高不超过十二年。

本条所称月工资是指劳动者在劳动合同解除或者终止前十二个月的平均工资。

第八十七条 用人单位违反本法规定解除或者终止劳动合同的，应当依照本法第四十七条规定的经济补偿标准的二倍向劳动者支付赔偿金。

第九十一条 用人单位招用与其他用人单位尚未解除或者终止劳动合同的劳动者，给其他用人单位造成损失的，应当承担连带赔偿责任。

三、审理劳动报酬纠纷案件的诉讼时效

劳动争议的仲裁时效期间从当事人知道或者应当知道其权利被侵害之日起计算一年，但劳动关系存续期间因拖欠劳动报酬发生争议的，劳动者申请仲裁不受前述仲裁时效期间的限制；劳动关系终止的，应当自劳动关系终止之日起一年内提出。因此，在审理该类案件时，法院首先要确定劳动者主张的是否为劳动报酬，进而确定所适用的时效。

（一）典型案例

☞ **马某与武汉市宏爱医院有限公司追索劳动报酬纠纷案**[5]

【关键词】劳动报酬　工资福利待遇　诉讼时效

- -

| 基本案情 |

原告（二审上诉人、再审申请人）：马某；被告（二审被上诉人、再审被申请人）：武汉市宏爱医院有限公司。

原告马某在华蓝医院从事中医理疗医师工作，华蓝医院差欠马某风险金和工资90000元，该院股东及法定代表人彭某某于2015年6月7日向马某出具了欠条，此后彭某某又于2016年12月28日再次向马某出具欠条。2015年8月13日华蓝医院法定代表人由彭某某变更为吴某某，公司股权亦由彭某某100%变更

----

〔5〕（2018）鄂0104民初5838号；（2019）鄂01民终2685号；（2019）鄂民申3167号。

为吴某某100%，2015年10月29日华蓝医院变更为武汉世纪华中医院有限公司，2017年10月12日武汉世纪华中医院有限公司变更为宏爱医院。2018年9月14日，马某将宏爱医院起诉至法院，要求其支付工资和风险金。

｜裁判结果｜ 一审、二审与再审法院经过审理后分别形成以下判决：

一审判决：（1）彭某某自判决生效之日起五日内向马某给付风险金及劳动报酬人民币90000元；（2）驳回马某的其他诉讼请求。

一审宣判后，原告不服，向武汉市中级人民法院提起上诉。

二审判决：（1）撤销湖北省武汉市硚口区人民法院（2018）鄂0104民初5838号民事判决；（2）彭某某自判决生效之日起五日内向马某给付风险金及劳动报酬90000元及利息（以90000元为基数，自2018年9月14日起，按照中国人民银行同期同类存款利率计算利息，至本案确定给付之日止）；（3）驳回马某其他诉讼请求。

二审宣判后，原告不服，向湖北省高级人民法院提起再审申请。

再审裁定：驳回马某的再审申请。

｜裁判依据｜ 一审法院认为，马某2011年9月起受雇华蓝医院从事中医理疗医师工作，华蓝医院收取其风险金且未支付截至2015年6月7日之前的劳动报酬，彭某某作为华蓝医院的股东及法定代表人，分别于2015年6月7日及2016年12月28日以个人名义签订欠条，即视为其个人愿意承担该债务，且在法院审理阶段，彭某某本人明确认可该债务，根据《民法总则》第一百一十八条的规定，彭某某应给付马某风险金及劳动报酬共计90000元。华蓝医院后变更为宏爱医院，宏爱医院答辩时根据《民法总则》第一百八十八条规定"向人民法院请求保护民事权利的诉讼时效期间为三年。法律另有规定的，依照其规定。诉讼时效期间自权利人知道或者应当知道权利受到损害以及义务人之日起计算"，提出马某的诉讼请求已过诉讼时效。马某从2015年6月7日已知自己的权利受到损害，但其2018年9月14日才主张权利，且马某没有证据证明发生过诉讼时效中断或中止的情况，故一审法院认可宏爱医院的答辩意见，驳回马某对其的诉讼请求。

二审法院认为，双方当事人均没有向法庭提交新证据，二审查明的事实与一审判决认定的一致。马某诉请彭某某给付利息损失，彭某某长期拖欠90000元未还，按照有关法律规定应给付相应利息。因马某与彭某某对所欠款项90000元没有约定利息，二审法院酌定以90000元为基数，从起诉之日即2018年9月14日起，按照中国人民银行同期同类存款利率计算利息，至本案确定给付之日止。

再审法院经审理认为，彭某某在 2016 年 12 月 28 日出具欠条时已不是宏爱医院的法定代表人和股东，其行为不能代表宏爱医院，仅系其愿意加入该债务并由其向马某偿还欠款的个人行为，不能对宏爱医院发生诉讼时效中断的效力。马某申请再审认为彭某某在 2016 年 12 月 28 日出具欠条系职务行为，彭某某作为宏爱医院原法定代表人和股东应与宏爱医院承担连带责任，并依据《最高人民法院关于审理民事案件适用诉讼时效制度若干问题的规定》第十七条规定主张诉讼时效中断，其上述理由不能成立。综上，马某自 2015 年 6 月 7 日已知自己的权利受到损害，其迟至 2018 年 9 月 14 日起诉向宏爱医院主张权利已经超过诉讼时效，且没有提供充分证据证明发生诉讼时效中止、中断的情形，故原判决对其要求宏爱医院支付工资和风险金的诉讼请求不予支持并无不当。

（二）裁判旨要

已知自己的权利受到损害，若劳动者向用人单位主张权利时已经超过诉讼时效，且没有提供充分证据证明发生诉讼时效中止、中断的情形，则劳动者要求用人单位支付工资的诉讼请求不会得到支持。

（三）律师评析

本案例的争议焦点亦较为典型，且经过一审、二审、再审，最终由湖北省高级人民法院作出裁定，具有相当强的参考性。对于此类案件法院主要的审查范围是：首先要确定劳动者主张的是否为劳动报酬，进而确定所适用的时效。

1. 劳动者主张的是否为劳动报酬

《劳动法》与《劳动合同法》都明确提出了"劳动报酬"这一概念，但是却没有对其进行非常明确的界定，从而导致实践中人们对"劳动报酬"的范围存在不同之理解。

首先，劳动报酬与工资是不同的概念。有学者认为，"工资与劳动报酬属不同概念，工资仅是劳动报酬的重要组成部分，'是工薪劳动者的基本生活来源'，工资的概念内涵比劳动报酬的概念内涵小"[6]。

---

[6] 程小勇、张政斌：《附条件劳动报酬的法律属性及其司法应用》，载《云南大学学报（法学版）》2013 年第 6 期，第 89 页。

其次，劳动报酬与福利待遇也是不同的概念。在劳动法领域，福利待遇一般是用人单位给劳动者提供的生产性及生活性的待遇。劳动者能够享有的福利待遇，主要包括：（1）五险一金；（2）住房津贴补贴；（3）交通费、电话费、餐费；（4）带薪假期；（5）培训机会；（6）股票期权；等等。

2. 劳动报酬的主张适用诉讼时效的有关规定

在追索劳动报酬的案件中，诉讼时效对于劳动者和用人单位而言都是非常重要的。如果劳动者提出追索劳动报酬的诉讼时效过了，劳动者就丧失了胜诉权，用人单位就可以此作为诉讼主张并获得免责。根据《劳动争议调解仲裁法》第二十七条的规定，劳动争议的诉讼时效期间为一年；对于拖欠劳动报酬的情况是需要适用特殊时效的，即一年时效的起算点是自劳动者离职之日起开始计算。

劳动者请求用人单位支付双倍工资差额时会遇到诉讼时效的问题：是从劳动者入职的第二个月开始起算，还是从劳动者离职之日起算？这个问题还有一定的争议性。实践中，在把双倍工资理解成赔偿金性质的情况下，应从劳动者入职的第二个月开始计算。

（四）相关法条及司法解释

《中华人民共和国民法典》

第一百八十八条　向人民法院请求保护民事权利的诉讼时效期间为三年。法律另有规定的，依照其规定。诉讼时效期间自权利人知道或者应当知道权利受到损害以及义务人之日起计算。法律另有规定的，依照其规定。但是，自权利受到损害之日起超过二十年的，人民法院不予保护，有特殊情况的，人民法院可以根据权利人的申请决定延长。

《中华人民共和国劳动争议调解仲裁法》

第二十七条　劳动争议申请仲裁的时效期间为一年。仲裁时效期间从当事人知道或者应当知道其权利被侵害之日起计算。

前款规定的仲裁时效，因当事人一方向对方当事人主张权利，或者向有关部门请求权利救济，或者对方当事人同意履行义务而中断。从中断时起，仲裁时效期间重新计算。

因不可抗力或者有其他正当理由，当事人不能在本条第一款规定的仲裁时效期间申请仲裁的，仲裁时效中止。从中止时效的原因消除之日起，仲裁时效期间继续计算。

劳动关系存续期间因拖欠劳动报酬发生争议的，劳动者申请仲裁不受本条第一款规定的仲裁时效期间的限制；但是，劳动关系终止的，应当自劳动关系终止之日起一年内提出。

四、降低劳动报酬纠纷案件的审查程序

未经劳动者同意，用人单位原则上不得单方面降低劳动者的报酬标准。如果因工作需要确需调整岗位，而使工资水平降低，那么用人单位在调整工资前，还应与劳动者签订书面合同，征得劳动者同意。企业不经协商随意减薪的，应当承担一定的违约责任。在审理降低劳动报酬而引发的纠纷案件时，法院首先要确定劳动者工资标准，进而审查降低劳动报酬标准的事由是否合法。

（一）典型案例

☞ **L 向 A 公司追索劳动报酬纠纷案** [7]

【关键词】劳动报酬　固定金额工资　非固定金额工资

|**基本案情**|

再审申请人（一审原告、二审上诉人）：L，女，汉族，加拿大公民；被申请人（一审被告、二审被上诉人）：A 公司。

再审申请人 L 因与被申请人 A 公司追索劳动报酬纠纷一案，不服广西壮族自治区高级人民法院（2018）桂民终 573 号民事判决，向最高人民法院申请再审。

L 申请再审称，原审判决存在《民事诉讼法》第二百条第二项、第六项规定之情形，应予再审。原审判决存在多处明显错误：第一，《关于 2017 年 2 月绩效考核及绩效工资发放的情况通报》是指 A 公司员工绩效考核和绩效工资按 90% 下发，但是 A 公司扣除 L 的"基本工资"1400 元，不是绩效工资。另外，单位劳资员"因误操作"造成的 L"个人所得税多缴"，A 公司应该一并补偿。第二，原审判决既然认定本案是劳务关系，就应适用《中华人民共和国合同

----

〔7〕（2018）桂民终 573 号；（2019）最高法民申 6289 号。

法》，而不应适用《劳动法》和《劳动合同法》。《聘用合同》没有月薪扣减一说，A公司单方面改变合同约定不具有法律效力。第三，原审判决认定L对于多扣税款没有提交相应证据证明错误。广西钢铁集团有限公司总经理办公室2018年5月31日出具的情况说明已经能够证实。第四，A公司无视《聘用合同》的约定，单方变更岗位和工作职责，对L不具法律效力。第五，公司内部职工才有工资和绩效奖金，引进人员实行年薪，没有绩效奖金。L未参与年终绩效考核是A公司违反《聘用合同》和《合同法》所致。2017年6月22日A公司电邮L商讨《聘用合同终止协议》，证明A公司是认可L 2017年1—5月工作及年薪的。第六，L已严格履行《聘用合同》的工作内容并超额完成其他工作，A公司理应无条件支付年薪60万元。第七，《聘用合同》约定"具体工作内容及工作目标根据甲方总体发展战略，由甲方每年与乙方协商签订工作任务书，并作为乙方年度绩效考核之重要依据"。甲方（A公司）未履行其义务，每年从未与乙方（L）协商签订工作任务书，所以乙方年度绩效考核实际上没有"重要依据"可循。《聘用合同》没有约定业绩考核具体文件，更没有"按照内部公开管理制度考核"的约定。第八，L在二审庭审中承认通过邮件收到"附表"，但是没有收到《A集团公司所属单位领导班子和领导人员综合考评办法》，所以不知道考评标准、排名及扣薪规定。

|裁判结果| 驳回L的再审申请。

|裁判依据| 本案中，L的报酬是否与年度业绩考核情况挂钩，双方存在争议，L认为合同约定年薪60万元是固定的，与业绩考核无关，A公司则认为应当按照业绩考核相关情况核算实发报酬。事实上，合同的上述约定中已经写明L有一部分报酬是根据年度业绩考核情况发放的，通常理解该部分报酬并非固定金额，而是根据业绩表现存在浮动，这符合企业业绩工资的通常发放模式，亦与公司相近岗位劳动者的报酬发放模式保持一致，符合本案实际情况。因此，原审判决根据业绩考核情况计算L的应发报酬，并无不当。同时，L在公司工作期间应遵守公司的各项规章制度。公司因实际绩效不佳，经议定程序作出《关于2017年2月绩效考核及绩效工资发放的情况通报》，对2017年3月绩效工资按90%下发，此种情况下，L仍坚持自己的报酬不应扣减，原审未予支持，并无不当。另外，L主张因公司劳资员操作失误导致其被多扣520元税款，但并未提交充分证据予以证明，原审判决对此未予支持，亦无不当。

综上，L的申请不符合《民事诉讼法》第二百条第（二）项、第（六）项规定的情形，法院依照《民事诉讼法》第二百零四条第一款、《最高人民法院关于适用〈中华人民共和国民事诉讼法〉的解释》第三百九十五条第二款之规定，裁定驳回 L 的再审申请。

（二）裁判旨要

若工资报酬约定中已经写明有一部分报酬是根据业绩考核情况发放的，通常理解该部分报酬并非固定金额，而是根据业绩表现存在浮动，这符合企业业绩工资的通常发放模式。

（三）律师评析

本案例最终由最高人民法院作出裁判，而且具有涉外性质，很特殊，具有一定的参考价值。对于此类案件法院主要的审查范围是：首先，确定劳动者工资标准；其次，审查降低劳动报酬标准的事由是否合法。

1. 确定劳动者工资标准

《劳动法》没有直接规定固定工资和绩效工资，而是规定了按劳分配、同工同酬、工资随经济效益和物价水平增长以及最低工资保障。在企业内部实行哪种工资分配形式，属于用人单位自主权的范围。企业工资分配制度是企业规章制度的重要组成部分，在合法合规的范围内可以获得支持。人民法院审理此类案件，在确定劳动者工资标准时，应当先审查劳动合同的约定，如果劳动合同没有明确约定，需要再审查用人单位内部关于工资标准的规定。当然，用人单位无论以何种方式确定工资标准，都不得低于最低工资标准。

2. 降低劳动报酬标准的事由是否合法需要审查

《劳动合同法》第三十五条规定："用人单位与劳动者协商一致，可以变更劳动合同约定的内容。"未经劳动者同意，用人单位原则上不得单方面降低劳动者的报酬标准。如果因工作需要确需调整岗位，而使劳动者的工资水平降低，那么用人单位在调整劳动者的工资前，还应与劳动者签订书面合同，征得劳动者同意。企业不经协商随意对劳动者进行减薪的，应当承担一定的责任。

用人单位降低劳动报酬标准的，可以从以下几个方面进行审查来判断是否合法合规：第一，劳动合同中关于劳动报酬的约定是否明确；第二，用人单位对劳动者减少薪酬是否有相应的依据；第三，综合分析判断减薪是否具有合法性和合理性。

（四）相关法条及司法解释

《中华人民共和国劳动法》

第五十条　工资应当以货币形式按月支付给劳动者本人。不得克扣或者无故拖欠劳动者的工资。

《中华人民共和国劳动合同法》

第十七条　劳动合同应当具备以下条款：（一）用人单位的名称、住所和法定代表人或者主要负责人；（二）劳动者的姓名、住址和居民身份证或者其他有效身份证件号码；（三）劳动合同期限；（四）工作内容和工作地点；（五）工作时间和休息休假；（六）劳动报酬；（七）社会保险；（八）劳动保护、劳动条件和职业危害防护；（九）法律、法规规定应当纳入劳动合同的其他事项。

劳动合同除前款规定的必备条款外，用人单位与劳动者可以约定试用期、培训、保守秘密、补充保险和福利待遇等其他事项。

第十八条　劳动合同对劳动报酬和劳动条件等标准约定不明确，引发争议的，用人单位与劳动者可以重新协商；协商不成的，适用集体合同规定；没有集体合同或者集体合同未规定劳动报酬的，实行同工同酬；没有集体合同或者集体合同未规定劳动条件等标准的，适用国家有关规定。

第三十条　用人单位应当按照劳动合同约定和国家规定，向劳动者及时足额支付劳动报酬。

用人单位拖欠或者未足额支付劳动报酬的，劳动者可以依法向当地人民法院申请支付令，人民法院应当依法发出支付令。

第三十五条　用人单位与劳动者协商一致，可以变更劳动合同约定的内容。变更劳动合同，应当采用书面形式。

变更后的劳动合同文本由用人单位和劳动者各执一份。

第四章　经济补偿金纠纷

一、经济补偿金纠纷概述

所谓劳动合同的解除，是指劳动合同签订以后，履行完毕之前，由于某种因素导致双方提前终止合同效力的法律行为。[1] 随着我国市场经济体制的建立，我国的劳动关系也逐步实现了市场化，劳动合同的订立和解除成了社会生活中频繁发生的现象。近年来，我国劳动纠纷案件数量增长迅速，纠纷的核心多集中于劳资双方对经济补偿金的争议。以"经济补偿金纠纷"作为检索条件在北大法宝上搜索，可查询到案例 101074 篇。类似案件数量的上升，反映出劳动者维护自身权利意识的提高，以及对类似案件进行深入研究的必要性。在实践中，由于立法存在不完善之处，劳动合同纠纷又都由法院的民事审判庭来审理，有的法官忽视了劳动合同与民事合同的区别，仅依据《合同法》的原理和规定对案件进行审理，使得本就处于弱势的劳动者的合法权益更加难以得到保障。[2]

我国针对经济补偿金作出规定的法律法规主要包括《劳动法》《劳动合同法》以及相关司法解释和实施条例。我国《劳动法》第二十八条规定，"用人单位依据本法第二十四条、第二十六条、第二十七条的规定解除劳动合同的，应当依照国家有关规定给予经济补偿"，可见用人单位解除劳动合同需要支付经济补偿金的情况主要包括：

（1）经过双方协商一致，由用人单位解除劳动合同的情况。《劳动法》第

---

[1]　参见关怀主编：《劳动法》，中国人民大学出版社 2001 年版，第 129 页。

[2]　参见林嘉、杨飞：《劳动合同解除中的经济补偿金、违约金和赔偿问题研究》，载《劳动法评论》2005 年第 1 期。

二十四条规定，经劳动合同当事人协商一致，劳动合同可以解除。

（2）用人单位根据客观原因而非劳动者的主观原因解除劳动合同的情况，也称为非过失性解除。《劳动法》第二十六条规定："有下列情形之一的，用人单位可以解除劳动合同，但是应当提前三十日以书面形式通知劳动者本人：（一）劳动者患病或者非因工负伤，医疗期满后，不能从事原工作也不能从事由用人单位另行安排的工作的；（二）劳动者不能胜任工作，经过培训或者调整工作岗位，仍不能胜任工作的；（三）劳动合同订立时所依据的客观情况发生重大变化，致使原劳动合同无法履行，经当事人协商不能就变更劳动合同达成协议的。"

（3）用人单位因经济性裁员而解除劳动合同的情况。《劳动法》第二十七条规定："用人单位濒临破产进行法定整顿期间或者生产经营状况发生严重困难，确需裁减人员的，应当提前三十日向工会或者全体职工说明情况，听取工会或者职工的意见，经向劳动行政部门报告后，可以裁减人员。用人单位依据本条规定裁减人员，在六个月内录用人员的，应当优先录用被裁减的人员。"

我国《劳动合同法》第四十六条规定："有下列情形之一的，用人单位应当向劳动者支付经济补偿：（一）劳动者依照本法第三十八条规定解除劳动合同的；（二）用人单位依照本法第三十六条规定向劳动者提出解除劳动合同并与劳动者协商一致解除劳动合同的；（三）用人单位依照本法第四十条规定解除劳动合同的；（四）用人单位依照本法第四十一条第一款规定解除劳动合同的；（五）除用人单位维持或者提高劳动合同约定条件续订劳动合同，劳动者不同意续订的情形外，依照本法第四十四条第一项规定终止固定期限劳动合同的；（六）依照本法第四十四条第四项、第五项规定终止劳动合同的；（七）法律、行政法规规定的其他情形。"

在司法实践中，不同法院对不同的经济补偿金纠纷案件的审判考量侧重也有所不同，下文将结合案例加以分析。

二、对因严重违反单位的规章制度解除劳动合同的判断

用人单位常会以劳动者违反企业规章制度为由解除劳动合同，在遇到相关情况时要注意，企业规章制度并非法律上的强制性规定。用人单位能否以劳动者严重违反单位的规章制度为由解除劳动合同，取决于该规章制度的合法性与合理性。如果用人单位的规章制度超越合理权限对劳动者设定义务，

并据此解除劳动合同，属于违法解除，损害劳动者的合法权益，用人单位应当依法支付赔偿金。《最高人民法院公报》2014 年第 7 期（总第 213 期）中就有类似案例。

（一）典型案例

☞ 张某明诉京隆科技（苏州）有限公司支付赔偿金纠纷案[3]

【关键词】用人单位规章制度　劳动合同解除

| 基本案情 |

原告（二审被上诉人）：张某明；被告（二审上诉人）：京隆科技（苏州）有限公司。

原告张某明于 2007 年 11 月 5 日进入被告京隆科技（苏州）有限公司（以下简称京隆公司）工作，于 2007 年 12 月 26 日与被告京隆公司签订劳动合同，合同期限为 2007 年 12 月 26 日至 2010 年 12 月 6 日。合同签订后原告按约履行工作职责。2009 年 4 月 13 日上午 10 点 30 分左右，原告乘坐非法营运车辆至京隆公司宿舍区，被京隆公司宿舍区警卫人员发现，警卫人员随即根据相关规定进行记录并通报主管人员。查明后，公司对其立即作出了违纪予以解除劳动合同的处理，并通知原告办理相应离职手续。4 月 20 日，京隆公司以原告乘坐非法营运车辆为由通知原告解除劳动合同，并完成了后续的离职及退工备案手续。原告认为，京隆公司解除劳动合同的行为无事实与法律依据，属违法解除劳动合同。原告申请仲裁，仲裁裁决驳回了原告的请求。原告对仲裁结果不服，故向法院提起诉讼。

| 裁判结果 | 一审法院判决：被告京隆公司应于本判决生效之日起十日内支付原告张某明赔偿金 7800 元。

京隆公司不服一审判决，向苏州市中级人民法院提起上诉。

二审法院判决：驳回上诉，维持原判。

| 裁判依据 | 一审法院认为：被告京隆公司有权通过制定规章制度进行正常生产经营活动的管理，但其以乘坐非法营运车辆存在潜在工伤危险为由，规定不允许员工乘坐黑车，违者开除，该规定已超出企业内部劳动规则范畴，

-----

[3]《最高人民法院公报》2014 年第 7 期（总第 213 期）。

且乘坐非法营运车辆行为应由行政机关依据法律或法规进行管理，用人单位无权对该行为进行处理。工伤认定系行政行为，工伤赔偿责任是用人单位应承担的法定责任，京隆公司通过规章制度的设置来排除工伤责任，没有法律依据，因此该规定属无效规定。故京隆公司不得依据该规定对员工进行处理，该公司以原告张某明乘坐非法营运车辆为由解除劳动合同违反《劳动合同法》的规定，损害了劳动者的合法权益，依法应当向张某明支付赔偿金。张某明要求京隆公司支付赔偿金7800元，未超过法律规定的赔偿金范围，法院予以支持。

二审法院认为：用人单位规章制度是指用人单位依法制定的、仅在本企业内部实施的、关于如何组织劳动过程和进行劳动管理的规则和制度，是用人单位和劳动者在劳动过程中的行为准则，也称为企业内部劳动规则。其内容主要包括劳动合同管理、工资管理、社会保险、福利待遇、工时休假、职工奖惩以及其他劳动管理等。规章制度作为用人单位加强内部劳动管理，稳定、协调劳动关系，保证正常劳动生产秩序的一种管理工具，在日常的劳动生产中确实发挥着重要作用。但是，规章制度既要符合法律、法规的规定，也要合情合理，不能无限放大乃至超越劳动过程和劳动管理的范畴。本案中，被上诉人张某明乘坐黑车行为发生之日正值其休息之日，劳动者有权利支配自己的行为，公司不能以生产经营期间的规章制度来约束员工休息期间的行为。单位职工乘坐何种交通工具上班是职工的私人事务，用人单位无权作出强制规定，如果劳动者确有违法之处，也应由国家行政机关等有权部门进行处罚。因此，被上诉人京隆公司因张某明乘坐非法营运车辆而解除劳动合同系违法解除，损害了劳动者的合法权益，应当按《劳动合同法》之规定，向张某明支付赔偿金。

综上，上诉人京隆公司的上诉理由不能成立，一审判决并无不当，应予维持。

（二）裁判旨要

用人单位规章制度是在本企业内部实施的、关于组织劳动过程和进行劳动管理的制度。用人单位以劳动者严重违反单位的规章制度为由解除劳动合同，劳动者提起相关诉讼的，法院应当依法审查该规章制度的合法性与合理性。如果用人单位的规章制度超越合理权限对劳动者设定义务，并据此解除劳动合同，属于违法解除，损害劳动者的合法权益，用人单位应当依法支付赔偿金。

（三）律师评析

虽然从法律上来看，企业与劳动者之间应为平等关系，但在事实上二者的关系很难实现真正的平等。《劳动法》和《劳动合同法》及相关司法解释往往从保护劳动者的角度出发，对二者的关系进行平衡。因此根据法律规定，企业如果想单方解除劳动合同，必须严格依照法律规定。[4]我国《劳动合同法》第三十九条规定："劳动者有下列情形之一的，用人单位可以解除劳动合同：（一）在试用期间被证明不符合录用条件的；（二）严重违反用人单位的规章制度的；（三）严重失职，营私舞弊，给用人单位造成重大损害的；（四）劳动者同时与其他用人单位建立劳动关系，对完成本单位的工作任务造成严重影响，或者经用人单位提出，拒不改正的；（五）因本法第二十六条第一款第一项规定的情形致使劳动合同无效的；（六）被依法追究刑事责任的。"在本案中，企业单方面解除劳动关系依据的是《劳动合同法》第三十九条第（二）项"严重违反用人单位的规章制度的"，但是如果用人单位的规章制度本身存在问题，那么就失去了适用本项规则的基础。在实践中，要注意规范企业的规章制度，具体可以从以下三个方面入手：

1. 企业规章制度具有合法性

用人单位的规章制度是用人单位制定的组织劳动过程和进行劳动管理的规则和制度，也称为企业内部劳动规则。规章制度既要符合法律、法规的规定，也要合理。

（1）制度内容合法。这是企业规章制度合法的核心，如果制度内容违反了法律强制性规定，损害了职工的合法权益，那么企业规章制度的合法性便无从谈起，这部分内容应当被认定为无效。而且需要注意的是，制度内容合法既包括符合法律的强制性规定，也包括合理性，企业规章制度不得任意将一些常见的、危害轻微的行为定性为严重违规违纪行为。[5]例如本案中，被告京隆公司

---

〔4〕 参见闫冬：《论正当解雇事由的体系范式》，载《法学》2020 年第 4 期。

〔5〕 参见张军：《企业单方解除劳动合同的法律风险及应对策略》，载《中国人力资源开发》2009 年第 6 期。

于 2008 年 9 月 8 日召开职工代表大会，通过"不允许乘坐黑车，违者以开除论处"的决议，看似形式合法，但是乘坐什么交通工具并非直接与生产经营相关，对于这种劳动者在劳动过程以及劳动管理范畴以外的行为，用人单位可以进行倡导性规定，对遵守规定的员工可给予奖励，但不宜进行禁止性规定，更不能对违反此规定的员工进行惩罚。

（2）制定程序合法。《劳动合同法》第四条规定，企业制定规章制度时，应当经职工代表大会或者全体职工讨论，提出方案和意见，与工会或者职工代表平等协商确定，将规章制度进行公示、告知劳动者。未经合法程序制定的规章制度，也不能作为企业单方解除劳动合同的依据。

2. 公示告知

按照《劳动合同法》及最高人民法院司法解释的规定，规章制度只有向劳动者公示才对劳动者产生约束力。司法实践中劳动者往往以其不知道规章制度的内容为由主张规章制度未公示，用人单位也往往无法提供已经公示的证据，很多企业本应该胜诉的案件最终败诉，问题往往就出在这里。

对于劳动者来说，未经公示程序的规章制度是无法对其产生不利后果的，在实践中一定要注意利用这一点。对于企业来说，规章制度如何公示才更有利于其今后在仲裁庭或法庭举证？实践中可采取以下方法：员工手册发放、内部培训、劳动合同约定、考试、传阅，但注意无论哪种方法都要让员工签字确认表示"收到""已阅"并且承诺"遵守"。由于举证困难，尽量避免单独使用网站公布、电子邮件告知、公告栏或宣传栏张贴等公示方法。

3. 认定行为达到严重程度

从企业的角度来看，对行为达到严重程度的认定必须注意：

（1）企业在规章制度中对于严重违反的情形要作出明确规定，例如对迟到次数、迟到时间等方面加以明确限制，或者在限制的同时规定具体的奖惩制度。这样在司法实践中其主张才会被裁判机关采纳。

（2）将企业各项规章制度加以清理，把分散于各项规章制度中的有关严重违反规章制度的情形加以归纳、汇总，并结合企业当前管理需要进行必要增补，重新发布。[6]

---

〔6〕 张军：《企业单方解除劳动合同的法律风险及应对策略》，载《中国人力资源开发》2009 年第 6 期，第 79 页。

（四）相关法条及司法解释

《中华人民共和国民事诉讼法》

第一百五十三条 人民法院审理案件，其中一部分事实已经清楚，可以就该部分先行判决。

《中华人民共和国劳动合同法》

第四十八条 用人单位违反本法规定解除或者终止劳动合同，劳动者要求继续履行劳动合同的，用人单位应当继续履行；劳动者不要求继续履行劳动合同或者劳动合同已经不能继续履行的，用人单位应当依照本法第八十七条规定支付赔偿金。

第八十七条 用人单位违反本法规定解除或者终止劳动合同的，应当依照本法第四十七条规定的经济补偿标准的二倍向劳动者支付赔偿金。

三、已达退休年龄、未享有养老保险待遇且向用人单位提供劳务的人员可否主张经济补偿金

在司法实践中，常会遇到单位职工已经达到退休年龄，但是依然在企业工作的情况，在这种情况下对双方关系的认定直接关系企业是否应当支付该职工经济补偿金。《劳动法》作为社会法，具有强制性，法定退休年龄是国家法律、行政法规规定的正常退休年龄，劳动者达到法定退休年龄应当退出工作岗位，否则可能导致一些劳动者拒绝办理退休手续，从而给用人单位造成管理混乱，影响新增劳动者的就业。达到法定退休年龄未享受养老保险待遇的人员初次向用人单位提供劳务的，与用人单位建立的用工关系并非劳动关系。

（一）典型案例

☞ 叶某筠诉博瑞泰（泾县）置业控股有限公司经济补偿金纠纷案[7]

【关键词】退休年龄 养老保险待遇 经济补偿金

---

[7] （2017）皖1823民初1836号；（2018）皖18民终355号。

| 基本案情 |

原告（二审上诉人）：叶某筠；被告（二审被上诉人）：博瑞泰（泾县）置业控股有限公司。

本案原告叶某筠出生于 1945 年 6 月 16 日，2006 年 5 月 1 日，叶某筠被博瑞泰（泾县）置业控股有限公司（以下简称博瑞泰公司）正式聘为古建筑设计师，并签订期限为五年的合同。合同到期后，叶某筠继续在博瑞泰公司工作。2016 年 2 月，叶某筠因宿舍断电，生活、工作不便而离开工作岗位。2016 年 5 月 13 日，叶某筠向泾县人事劳动争议仲裁委员会申请仲裁，要求博瑞泰公司支付工资、报销款、经济补偿款。该仲裁委员会对叶某筠的申请作出不予受理的决定。2016 年 5 月 26 日，叶某筠向法院提起诉讼，要求博瑞泰公司支付拖欠的 2015 年 10 月至 2016 年 4 月的工资 24500 元、报销款 8169.90 元、经济补偿金 42000 元。2016 年 9 月 27 日，经一审法院调解，叶某筠与博瑞泰公司达成协议：博瑞泰公司于 2016 年 10 月 31 日前给付叶某筠 2015 年 10 月至 2016 年 2 月的工资 17500 元、报销款 8169.90 元，合计 25669.90 元；叶某筠放弃 2016 年 3 月、4 月的工资支付请求；叶某筠的经济补偿金请求另行主张。因此后博瑞泰公司没有向叶某筠支付经济补偿金，叶某筠提起本案诉讼请求一审法院判令：（1）解除叶某筠与博瑞泰劳动关系；（2）博瑞泰公司支付叶某筠自 2004 年 10 月起至 2016 年 10 月止按每月工资 3500 元计算的 12 年的经济补偿金 42000 元；（3）博瑞泰公司给付叶某筠车旅费、误工费；（4）诉讼费用由博瑞泰公司承担。

| 裁判结果 | 一审判决：安徽省泾县人民法院于 2017 年 11 月 26 日作出 (2017) 皖 1823 民初 1836 号民事判决：驳回原告叶某筠的诉讼请求。

叶某筠不服原审判决，提起上诉。

二审裁判：安徽省宣城市中级人民法院于 2018 年 3 月 15 日作出 (2018) 皖 18 民终 355 号判决：驳回上诉，维持原判。

| 裁判依据 | 二审法院认为，劳动者达到法定退休年龄的，与用人单位建立的用工关系并非劳动关系。理由如下：（1）《劳动法》作为社会法，其规范具有强制性，法定退休年龄是国家法律、行政法规规定的正常退休年龄，当劳动者达到法定退休年龄时应当退出工作岗位，否则可能导致一些劳动者拒绝办理退休手续，从而给用人单位造成管理混乱，影响新增劳动者的就业，阻碍生产力的提高。(2)《劳动争议司法解释（三）》第七条规定："用人单位与其招用的已经依法享受养老保险待遇或领取退休金的人员发生用工争议，向人民法

院提起诉讼的，人民法院应当按劳务关系处理。"该司法解释不能反向解释为没有享受养老保险待遇的就构成劳动关系。（3）达到法定退休年龄但未享受养老保险待遇的劳动者与用工单位形成劳动关系的指引效果可能最终损害劳动者的利益，对于年龄较大的农村进城务工的劳动者而言可能更显突出，用人单位为避免劳动合同无法终止的情况，将不会再为这部分劳动者提供就业的机会。本案中，叶某筠出生于1945年6月16日，于2006年5月1日被博瑞泰公司聘为古建筑设计师时已满60周岁，达到退休年龄，其与博瑞泰公司的用工关系为劳务关系。叶某筠主张达到法定退休年龄后仍形成劳动关系的上诉理由缺乏法律根据，不予支持。叶某筠主张博瑞泰公司支付其经济补偿金，于法无据，不予支持。关于叶某筠主张给付其车旅费、误工费，因无证据支持，二审法院不予采纳。

（二）裁判旨要

达到法定退休年龄未享受养老保险待遇的人员初次向用人单位提供劳务的，与用人单位建立的用工关系并非劳动关系。本案原告主张达到法定退休年龄后仍形成劳动关系的上诉理由缺乏法律根据，法院不予支持。原告主张博瑞泰公司支付其经济补偿金，于法无据，法院不予支持。

（三）律师评析

超过法定退休年龄但未享受养老保险待遇的人员与用人单位之间的用工关系如何定性，是当前劳动争议案件审判的热点与难点。在法律及司法解释方面，超过法定退休年龄就业人员是否仍属于劳动法意义上的劳动者，其与用人单位形成的用工关系是否为劳动关系等争议问题并无明确答案，由此也造成了司法实践中的不统一。《劳动合同法》第四十四条规定，"劳动者开始依法享受基本养老保险待遇的"，劳动合同终止。有学者认为，按照该条规定，对于开始享受基本养老保险待遇的劳动者，其与用人单位的劳动合同终止，不受劳动法保护。[8]《劳动合同法实施条例》与《劳动合同法》的规定又不尽相同，该条例第二十一条规定："劳动者达到法定退休年龄的，劳动合同终止。"根据该条例

---

〔8〕　参见王全兴：《劳动法》（第二版），法律出版社2004年版。

的表述，可以认为劳动者只要达到法定退休年龄，即使未享受基本养老保险待遇，其劳动合同也将终止，不再受《劳动法》的调整和保护。《劳动争议司法解释（三）》第七条则规定："用人单位与其招用的已经依法享受养老保险待遇或领取退休金的人员发生用工争议，向人民法院提起诉讼的，人民法院应当按劳务关系处理。"据此，达到退休年龄且享受养老保险待遇的人员被排除在劳动法的适用范围之外。实践中，对虽未享受养老保险待遇，但超龄后继续用工的，一般也认定为劳务关系，但是对于达到退休年龄且未享受养老保险待遇的人员初次向用人单位提供劳务是否构成劳动关系，实践中存在较大争议。

在实务中，各地对前述争议问题采取不同的应对方法。2008 年，《广东省高级人民法院、广东省劳动争议仲裁委员会关于适用〈劳动争议调解仲裁法〉、〈劳动合同法〉若干问题的指导意见》第十七条规定："用人单位招用已达法定退休年龄但未享受养老保险待遇或退休金的人员，双方形成的用工关系可按劳动关系处理。"而 2012 年《广东省高级人民法院 广东省劳动争议仲裁委员会关于审理劳动人事争议案件若干问题的座谈会纪要》第十一条则规定："用人单位招用已达法定退休年龄但未享受养老保险待遇或退休金的劳动者，双方形成的用工关系按劳务关系处理。"

2013 年《上海市高级人民法院劳动争议案件审理要件指南（一）》第八条明确："用人单位主张其与招用的退休人员之间不存在劳动关系的，应举证证明该退休人员已达法定退休年龄且已与原用人单位解除劳动关系并按规定办理了退休手续。"该指南将不存在劳动关系的举证责任分配给用人单位，似乎可以得出未享受养老保险待遇的超龄就业者与用人单位之间的关系应当认定为劳动关系的结论。但同时该指南在"劳动关系构成要件"一节明确了两个要件：一是已年满 16 周岁；二是未满法定退休年龄，或虽已满法定退休年龄但未与用人单位解除劳动关系。按此规定，超龄后入职的部分人员，被排除在劳动关系之外。

2015 年《安徽省高级人民法院关于审理劳动争议案件若干问题的指导意见》第一条规定："已过法定退休年龄的劳动者，初次到用人单位提供劳动的，其与用人单位之间的用工关系按劳务关系处理。"

从上述情况看，各地在超龄就业者与用人单位法律关系的认定上存在明显分歧。在司法实践中，要针对不同地区的规定作出不同的应对策略。

本案中，叶某筠入职博瑞泰公司时已经年满 60 周岁，达到法定退休年龄，其虽然未享受养老保险待遇，但过错并不在博瑞泰公司，如认定本案用工关系为劳动关系，判令支付经济补偿金，势必会对博瑞泰公司不公平，也会抑制企业用工的活力。

（四）相关法条及司法解释

《中华人民共和国劳动合同法实施条例》

第十九条　有下列情形之一的，依照劳动合同法规定的条件、程序，用人单位可以与劳动者解除固定期限劳动合同、无固定期限劳动合同或者以完成一定工作任务为期限的劳动合同：

（一）用人单位与劳动者协商一致的；

（二）劳动者在试用期间被证明不符合录用条件的；

（三）劳动者严重违反用人单位的规章制度的；

（四）劳动者严重失职，营私舞弊，给用人单位造成重大损害的；

（五）劳动者同时与其他用人单位建立劳动关系，对完成本单位的工作任务造成严重影响，或者经用人单位提出，拒不改正的；

（六）劳动者以欺诈、胁迫的手段或者乘人之危，使用人单位在违背真实意思的情况下订立或者变更劳动合同的；

（七）劳动者被依法追究刑事责任的；

（八）劳动者患病或者非因工负伤，在规定的医疗期满后不能从事原工作，也不能从事由用人单位另行安排的工作的；

（九）劳动者不能胜任工作，经过培训或者调整工作岗位，仍不能胜任工作的；

（十）劳动合同订立时所依据的客观情况发生重大变化，致使劳动合同无法履行，经用人单位与劳动者协商，未能就变更劳动合同内容达成协议的；

（十一）用人单位依照企业破产法规定进行重整的；

（十二）用人单位生产经营发生严重困难的；

（十三）企业转产、重大技术革新或者经营方式调整，经变更劳动合同后，仍需裁减人员的；

（十四）其他因劳动合同订立时所依据的客观经济情况发生重大变化，致使劳动合同无法履行的。

第二十一条　劳动者达到法定退休年龄的，劳动合同终止。

《中华人民共和国劳动合同法》

第三十九条　劳动者有下列情形之一的，用人单位可以解除劳动合同：

（一）在试用期间被证明不符合录用条件的；

（二）严重违反用人单位的规章制度的；

（三）严重失职，营私舞弊，给用人单位造成重大损害的；

（四）劳动者同时与其他用人单位建立劳动关系，对完成本单位的工作任务造成严重影响，或者经用人单位提出，拒不改正的；

（五）因本法第二十六条第一款第一项规定的情形致使劳动合同无效的；

（六）被依法追究刑事责任的。

第四十四条 有下列情形之一的，劳动合同终止：

（一）劳动合同期满的；

（二）劳动者开始依法享受基本养老保险待遇的；

（三）劳动者死亡，或者被人民法院宣告死亡或者宣告失踪的；

（四）用人单位被依法宣告破产的；

（五）用人单位被吊销营业执照、责令关闭、撤销或者用人单位决定提前解散的；

（六）法律、行政法规规定的其他情形。

第四十八条 用人单位违反本法规定解除或者终止劳动合同，劳动者要求继续履行劳动合同的，用人单位应当继续履行；劳动者不要求继续履行劳动合同或者劳动合同已经不能继续履行的，用人单位应当依照本法第八十七条规定支付赔偿金。

第八十七条 用人单位违反本法规定解除或者终止劳动合同的，应当依照本法第四十七条规定的经济补偿标准的二倍向劳动者支付赔偿金。

《最高人民法院关于审理劳动争议案件适用法律若干问题的解释（三）》

第七条 用人单位与其招用的已经依法享受养老保险待遇或领取退休金的人员发生用工争议，向人民法院提起诉讼的，人民法院应当按劳务关系处理。

第五章 竞业限制纠纷

一、竞业限制纠纷概述

竞业限制，也被称为竞业禁止，是指负有特定义务的员工在职期间或离开岗位后一定期间内不得自营或为他人经营与其所任职的企业同类的经营。[1] 根据《劳动合同法》的规定，竞业限制的人员仅限于单位的高级管理人员、高级技术人员和其他负有保密义务的人员。孔祥俊教授从民法视角认为，竞业限制制度发源于民法中的代理人制度，其目的是防止被代理人的利益被代理人侵害。[2] 梅慎实教授从公司法的角度认为，竞业限制是义务主体不得为了自己的私利而从事损害公司利益的活动，不得为自己或代理他人经营与公司相同种类的业务。[3]

通常来说，竞业限制的目的在于维护商业秘密。用人单位与劳动者在劳动合同中约定或者另行签订保密协议约定，劳动者在职期间或者在与用人单位解除劳动关系后的一段时间内，不得从事与原单位业务相同或有竞争关系的业务或行业。如劳动者违反合同，则用人单位可根据《劳动合同法》第二十三条、第二十五条的规定和劳动合同或保密协议的约定要求劳动者承担违约金。

既然存在违约金，那也会存在经济补偿。竞业限制中的经济补偿，本身旨在平衡劳动者的收益，即劳动者既然承诺履行竞业限制义务，用人单位应当支付一定的经济补偿作为"对价"。这一补偿性，让竞业限制纠纷区别于侵犯商业秘密纠纷和不正当竞争、垄断纠纷，属于劳动纠纷的一种，而不是知识产权纠

---

〔1〕 参见王林清：《劳动纠纷裁判思路与规范释解》（第三版），法律出版社 2016 年版，第 429 页。
〔2〕 参见孔祥俊：《公司法要论》，人民法院出版社 1997 年版，第 334 页。
〔3〕 参见梅慎实：《现代公司机关权力构造论》（修订本），中国政法大学出版社 2000 年版，第 224 页。

纷。区分二者重要的一点，在于当事人是以违约为由主张权利还是以侵犯商业秘密为由主张权利，即对于因劳动者与用人单位之间的竞业禁止约定引发的纠纷，如当事人以违约为由主张权利，应通过劳动争议程序解决；如果当事人以侵犯商业秘密为由主张权利，则属于不正当竞争纠纷，人民法院可以依法直接受理。[4]

二、竞业限制协议的法律效力

在司法实践中，用人单位与劳动者之间签订的竞业限制协议并非完全规范，可能会出现未约定按月支付劳动者经济补偿而是一次性支付或者季付的情况，只要该约定是双方真实的意思表示，且不违反法律、行政法规的强制性规定，应当认定有效。2017 年 3 月 15 日重庆市第一中级人民法院作出判决的谢某敏诉重庆云天化纽米科技股份有限公司竞业限制纠纷案就是一个典型的案例。

（一）典型案例

👉 **谢某敏诉重庆云天化纽米科技股份有限公司竞业限制纠纷案**[5]
【关键词】 劳动争议　竞业限制　补偿金

| 基本案情 |

原告（二审上诉人）：谢某敏；被告（二审被上诉人）：重庆云天化纽米科技股份有限公司。

原告谢某敏诉称，其原系被告重庆云天化纽米科技股份有限公司（以下简称云天化公司）副总经理。2014 年 4 月 8 日，原告谢某敏与被告公司解除劳动关系。同日，原告谢某敏与被告公司签订《竞业禁止协议》，约定了原告谢某敏应当承担的竞业限制义务。被告公司在竞业禁止期间每 4 个月支付原告谢某敏 42460 元（税前）经济补偿金。协议签订后，原告谢某敏严格遵守竞业禁止约定，被告公司在支付了第二期的经济补偿金后长达 7 个月未向原告谢某敏支付经济补偿金，原告谢某敏多次口头催要无果，遂于 2015 年 5 月 5 日向被告公司

---

〔4〕 参见奚晓明主编：《最高人民法院知识产权审判案例指导》（第 2 辑），中国法制出版社 2010 年版，第 60 页。

〔5〕 （2016）渝 0115 民初 5722 号；（2016）渝 01 民终 8807 号。

邮寄了书面函件，要求被告公司在收到函件后 5 日内书面回函明示是否继续履行《竞业禁止协议》，若未回函则视为本函送达之日双方解除《竞业禁止协议》。被告公司在收到原告谢某敏发出的函件后未书面回复原告谢某敏，也未向原告谢某敏支付经济补偿金，故原告谢某敏认为被告公司不再继续履行《竞业禁止协议》，双方签订的《竞业禁止协议》于 2015 年 5 月 11 日解除。因此，原告谢某敏到四川思博瀚宇新材料有限公司（以下简称思博瀚宇公司）任职不构成违约，重庆市长寿区劳动争议仲裁委员会作出的仲裁裁决裁定原告承担违约责任不公，谢某敏遂诉至法院。请求依法判令原告谢某敏不支付被告重庆云天化纽米科技股份有限公司违约金 500000 元。

被告云天化公司答辩称，原告谢某敏离职前担任公司副总经理。被告云天化公司由于资金问题确实存在迟延支付的情况，但收到原告谢某敏的函件后，立即向原告谢某敏支付了经济补偿金。并又于 2015 年 7 月 3 日、9 月 11 日两次向原告谢某敏支付了经济补偿金，后被告云天化公司发现原告谢某敏在 2015 年 4 月 30 日以思博瀚宇公司的名义承租厂房，向工商行政部门申请注册设立思博瀚宇公司，并担任该公司执行董事、法定代表人等职务。该公司的业务范围与被告云天化公司经营范围涉及同类产品甚至同类技术，原告谢某敏的行为已违反《竞业禁止协议》，给被告云天化公司造成损失，应承担违约责任，请求人民法院依法驳回原告谢某敏的诉讼请求。

一审法院查明，原告谢某敏原系被告云天化公司的副总经理。2014 年 4 月 8 日，原告谢某敏与被告云天化公司解除劳动关系。同日，原告谢某敏（乙方）与被告云天化公司（甲方）签订《竞业禁止协议》，约定："乙方的竞业禁止时间为 2014 年 4 月 8 日至 2016 年 4 月 7 日……甲方在竞业禁止期间每四个月支付乙方 42460 元经济补偿金。"在竞业禁止期限内，乙方如果违反协议约定内容，应当向甲方支付违约金，违约金支付金额由乙方离职时的岗位级别决定，具体标准：A6 级 500000 元。如因甲方原因到期不支付乙方经济补偿金，延迟时间甲方将按照应付经济补偿金总额的 3%/月的标准向乙方加付违约金。其后，被告云天化公司按期支付了 2014 年 4 月 8 日至 2014 年 12 月 7 日期间经济补偿金。

落款时间为 2015 年 4 月 30 日的《厂房租赁合同》显示，案外人成都丰云骏力投资有限公司为甲方、四川思博瀚宇新材料有限公司为乙方、四川现代农机产业园管委会为丙方，该合同约定由乙方租用甲方位于四川现代农机产业园、农机孵化园的 1 号厂房。原告谢某敏在乙方法定代表人或授权委托代理人处签名。

2015 年 5 月 5 日，原告谢某敏向被告云天化公司邮寄了《致重庆云天化纽米科技股份有限公司商确函》（以下简称《商确函》），载明："重庆云天化纽米科技股份有限公司：本人于贵司离职时，曾与贵司于 2014 年 4 月 8 日签订了《竞业禁止协议》，协议约定了本人的保密和竞业禁止义务以及贵司的支付经济补偿金义务。贵司自 2014 年 12 月起，未再按协议约定支付经济补偿金，其间本人无数次向贵司询问亦无回复。鉴于此，恳请贵司就是否继续履行《竞业禁止协议》事宜，于本函送达之日起 5 日内书面回函明示。若未回函则视为双方于停发经济补偿金之日解除《竞业禁止协议》，且双方关于保密和竞业禁止所签订的所有协议亦同时不再履行。"2015 年 5 月 6 日，被告云天化公司收到原告谢某敏发出的《商确函》。

2015 年 5 月 7 日，思博瀚宇公司召开股东会，形成聘任原告谢某敏为公司经理，任期三年的股东会决议。思博瀚宇公司在 2015 年 5 月 11 日的《新注册非公有制企业党建工作情况申请表》中申报原告谢某敏为该公司法定代表人。2015 年 5 月 11 日，思博瀚宇公司经工商注册设立，法定代表人为原告谢某敏，公司经营范围为高性能锂电池隔膜及电动农用车电池材料的研发、生产、销售。

2015 年 5 月 11 日，被告云天化公司向原告谢某敏支付了 2014 年 12 月 8 日至 2015 年 4 月 7 日期间的经济补偿金 33968 元（税后）。

2015 年 5 月 18 日，思博瀚宇公司形成股东会决议，免去原告谢某敏执行董事、法定代表人、经理职务，并于次日办理了变更登记。

其后被告云天化公司向原告谢某敏如约支付了 2015 年 4 月 8 日至 2015 年 12 月 7 日期间的补偿金。

2015 年 12 月 30 日，被告云天化公司向重庆市长寿区劳动人事争议仲裁委员会申请仲裁，要求原告谢某敏支付违约金 500000 元，并赔偿损失 212300 元。该委于 2016 年 7 月 8 日作出渝长劳人仲案字（2016）第 78 号仲裁裁决书，裁决由原告谢某敏支付被告云天化公司违约金 500000 元，驳回了被告云天化公司的其余仲裁请求。后原告谢某敏对该裁决不服，遂向法院起诉。

另查明，2014 年 12 月 5 日，安信证券股份有限公司出具的《安信证券股份有限公司关于推荐重庆云天化纽米科技股份有限公司股票进入全国中小企业股份转让系统公开转让的推荐报告》显示：被告云天化公司主要从事锂电池隔膜的研发、生产和销售，隶属于塑料薄膜制造细分行业。被告云天化公司的营业执照上载明其营业范围为复合材料、储能材料、微孔隔膜、碳纤维、陶瓷材料、塑料助剂等新材料及新能源器件的研发、生产、销售，货物进出口。

┃裁判结果┃ 一审重庆市长寿区人民法院于 2016 年 10 月 18 日作出（2016）渝 0115 民初 5722 号民事判决："限原告谢某敏于本判决生效后 10 日内向被告重庆云天化纽米科技股份有限公司支付违约金 500000 元。"

宣判后，谢某敏提起上诉。

二审裁判：重庆市第一中级人民法院于 2017 年 3 月 15 日作出（2016）渝 01 民终 8807 号民事判决，认为一审判决认定事实清楚，但认定《竞业禁止协议》第五条第 1 款系无效条款有误，应予纠正。鉴于一审判决结果正确，故本案尚可维持。遂判决驳回上诉，维持原判。

┃裁判依据┃ 法院生效裁判认为本案二审的争议焦点为：（1）《竞业禁止协议》中"甲方每四个月向乙方支付一次竞业禁止补偿金"的约定是否有效；（2）《竞业禁止协议》中关于双方违约责任的约定是否显失公平；（3）谢某敏是否存在违反竞业禁止的行为；（4）竞业禁止的地域范围是否仅限于重庆。对此，法院分别作出评判。

（1）关于《竞业禁止协议》中"甲方每四个月向乙方支付一次竞业禁止补偿金"的约定是否有效。谢某敏认为《竞业禁止协议》第五条第 1 款约定的"甲方每四个月向乙方支付一次竞业禁止补偿金"，违反了《劳动合同法》第二十三条，《劳动争议司法解释（四）》第六条、第八条的规定，属无效条款。法院认为，该约定是双方的真实意思表示，并未违反法律、行政法规的强制性规定，应当认定有效。理由如下：第一，根据《劳动合同法》及《工资支付暂行规定》的相关规定，竞业禁止补偿金与工资不具有完全相同的性质。第二，《劳动合同法》第二十三条中"对负有保密义务的劳动者，用人单位可以在劳动合同或者保密协议中与劳动者约定竞业限制条款，并约定在解除或者终止劳动合同后，在竞业限制期限内按月给予劳动者经济补偿"的规定并非法律强制性规定，而系管理性、倡导性规定。从条文本义来看，在该条款中，对约定竞业限制条款用的是"可以"，对支付竞业限制经济补偿支付的时间，也并非表述为"应当"，即没有强制要求用人单位必须按月支付劳动者竞业限制经济补偿。第三，从《劳动争议司法解释（四）》第六条的规定来看，该条针对的是"未约定解除或者终止劳动合同后给予劳动者经济补偿，劳动者履行了竞业限制义务"的情形，即在这种情形下若劳动者要求用人单位支付经济补偿，应当按月支付。而当劳动者与用人单位签订了《竞业禁止协议》，且明确了用人单位要给予劳动者经济补偿、补偿的具体数额、支付的具体时间时，支付经济补偿的时间就应当从约定，而不是必须按月支付。因此，从该法条来看，谢某敏与云天化公司的约定也并未违反法律强制性规定。第四，《劳动争议司法解释（四）》第八条"当事人在劳动合同或者保密协议中约定了竞业限制和经济补偿，劳动合同解除或者终止后，因用人单位的原因导致三个月未支付经济补偿，劳动者请求解除竞业限制约定的，人民法院应予支持"的规定，与谢某敏与云天化公司约定"甲方每四个月向乙方支付一次竞业禁止补偿金"并无冲突。从该条规定本义来理解，用人单位未及时按约支付竞业限制补偿金，劳动者请求解除竞业限制的权利应在应当支付竞业限制补偿金的最后一天起经三个月后才能行使。该规定对本案双方当事人仍然有效，即若云天化公司在第四个月的最后一天未支付竞业限制补偿金，在经过三个月后，谢某敏便可以行使竞业限制的解除权。因此，双方约定中的"每四个月"与法条规定的"三个月"并不是同一性质，也不能从法条中当然推导出竞业禁止补偿只能按月支付。综上，一审法院认为云天化公司与谢某敏关于"甲方每四个月向乙方支付一次竞业禁止补偿金"的约定无效不当，应予纠正。

（2）关于《竞业禁止协议》中关于双方违约责任的约定是否显失公平。首先，在双方的《竞业禁止协议》中约定，谢某敏根据其 A6 的岗位级别应承担的违约金标准为 500000 元，而云天化公司的违约金标准则为"应付补偿金总额的 3%／月"，虽从绝对金额来看双方的违约金标准有一定差距，但结合双方约定云天化公司每月支付的竞业限制经济补偿金为 10615 元来看，双方的权利义务是较为对等的。其次，谢某敏也从未因相应条款显失公平而主张过撤销权。因此，不能认定双方关于违约责任的约定显失公平，谢某敏的相应上诉理由不能成立。

（3）关于谢某敏是否存在违反竞业禁止的行为。云天化公司一审举示的《安信证券股份有限公司关于推荐重庆云天化纽米科技股份有限公司股票进入全国中小企业股份转让系统公开转让的推荐报告》、云天化公司《营业执照》、思博瀚宇公司工商登记信息，已证明谢某敏所供职的思博瀚宇公司与云天化公司从事同类业务，两公司存在竞争关系，谢某敏的相关行为已违反《竞业禁止协议》的约定。谢某敏认为云天化公司提出的证据证明力不足，却未举示相应的证据予以证明或反驳，因此依据《最高人民法院关于民事诉讼证据的若干规定》第二条"当事人对自己提出的诉讼请求所依据的事实或者反驳对方诉讼请求所依据的事实有责任提供依据加以证明。没有证据或者证据不足以证明当事人的事实主张的，由负有举证责任的当事人承担不利后果"之规定，谢某敏的相应上诉理由也不能成立。

（4）关于竞业禁止的地域范围是否仅限于重庆。《竞业禁止协议》中并未将竞业禁止的地域范围限定在重庆市范围内，谢某敏称该协议约束的地域范围应只能在重庆范围并无事实和法律依据。且谢某敏于竞业禁止期内在成都工作时，曾根据《竞业禁止协议》的约定向云天化公司通知其在成都的就业单位名称和任职情况，由此可见谢某敏是认可成都属于竞业禁止限定的地域范围的，谢某敏的该上诉理由，法院也不予支持。

综上，上诉人谢某敏的上诉理由均不能成立。此外，本案的关键点还在于，当云天化公司长达 7 个月未支付谢某敏的经济补偿金后，谢某敏本可依约要求云天化公司支付违约金，也可依法行使《竞业禁止协议》的解除权，但谢某敏仅发《商确函》要求云天化公司明确是否继续履行协议，而云天化公司随即三次继续支付了经济补偿金，谢某敏也收到相应款项，表明云天化公司继续履行了协议，而谢某敏也予以了认可。因此，无法认定双方的《竞业禁止协议》已经解除，双方应继续按约履行义务，一旦违反约定就应当承担相应的违约责任。

（二）裁判旨要

法院判定劳动合同是否有效应当审慎，合同是否无效应当主要着眼于判断其是否违反法律的强制性规定，而用人单位与劳动者关于竞业限制补偿金不按月支付的约定并不违反《劳动合同法》第二十三条规定，也并不违反《劳动争议司法解释（四）》第六条规定。

（三）律师评析

从用人单位的角度来说，通过竞业限制制度避免竞争对手获取本单位的商业秘密，可以达到维护自身在某一领域的竞争优势地位的目的。但是对于劳动者而言，用人单位的竞业禁止协议对其自由择业产生了干扰，因此便需要用人单位对劳动者进行一定的经济补偿。随着社会经济的发展，竞业限制制度下用人单位的商业利益与劳动者的择业自由权之间的矛盾越发频繁，争议纠纷则集中在竞业限制协议效力及补偿金的支付问题上。

1. 劳动合同效力的认定应当审慎

合同无效是指当事人所缔结的合同因严重欠缺生效要件，在法律上不按当事人合意的内容赋予效力。[6] 由此产生的后果是合同自始无效，当然无效，会从根本上否定合同各方当事人的意思表示，因此认定合同无效应当保持谦抑。劳动合同作为合同中较为特殊的一种，应当适用同样标准。

除劳动者可能未达到足够的民事责任年龄与双方存在虚假意思表示外，最重要的是认定劳动合同是否违反相关法律法规的强制性规定。而相关法律法规是否属于强制性规定，则需要从法条原义、是否损害公共利益等方面综合判断。

2. 竞业禁止协议的约定应当关注协议本身的补偿性，具体补偿的方式法律不应当过分干预

首先，《劳动合同法》第二十三条规定："用人单位可以……在竞业限制期限内按月给予劳动者经济补偿。"从法律原文理解，竞业限制的补偿金支付时间"按月"是"可以"而不是"应当"，因此可以判断本条款并非法律强制性规定，而是管理性规定。因此，竞业限制的补偿金不按月发放并不必然导致竞业禁止协议无效。同时，回顾这一法律规定，律师认为法律规定为"可以按月补偿"是因为竞业限制补偿金的本质不是工资，而是劳动者择业自由权被协议约束限制后用人单位支付的对价补偿，只需要达到补偿的目的就行了。

本案中，云天化公司和谢某敏签订的《竞业限制协议》约定在竞业禁止期间每四个月支付乙方42460元经济补偿金，支付两年。从金额上看，已经完全能达到补偿的效果，符合法律规定，因此不能仅仅以不按月发放为由认为其违反法律规定。

其次，《劳动争议司法解释（四）》针对的是"未约定解除或者终止劳动合同后给予劳动者经济补偿，劳动者履行了竞业限制义务"的情形。而用人单位与劳动者若另行签订了竞业禁止协议或在劳动合同中达成了相关的经济补偿合意，具体的经济补偿支付方式就应当按照双方达成的合意履行，《劳动争议司法解释（四）》仅仅是对双方相关约定的一种补充。

3. 若劳动者认为竞业限制存在显失公平的情形，可以申请变更或撤销

由于竞业限制协议订立时，用人单位往往处于优势地位而占据主动，因此在劳动者与用人单位签订协议的磋商过程中，劳动者的利益空间常常会被压缩。例如，竞业限制补偿金支付时间过长，补偿金额过低，违约金约定过高，设定补偿金发放条件，补偿金发放与工资报酬发放混同等。

---

〔6〕 韩世远：《合同法总论》（第三版），法律出版社2011年版，第168页。

律师认为，补偿金是否过低，可以参照《劳动争议司法解释（四）》的规定。若在职期间发放的补偿金低于月工资30%的，可以认定为补偿金过低，劳动者可以根据《合同法》第五十四条的规定，以显失公平为由要求变更或撤销合同，而其他的情况，需要结合实际情况具体问题具体分析。

本案中，谢某敏每个月可以领取10615元补偿金，可以充分保障劳动者的生活。若谢某敏认为四个月才发放一次补偿金支付时间过长，导致自己无法正常生活，可以依法提出变更或者撤销。但谢某敏足额领取补偿金，且未提出异议，并在发出《商确函》后两日迅速在新公司任职，违反《竞业禁止协议》约定，在违反约定后又向法院主张约定无效，是没有法律依据和事实依据的。

（四）相关法条及司法解释

《中华人民共和国劳动合同法》

第二十三条　用人单位与劳动者可以在劳动合同中约定保守用人单位的商业秘密和与知识产权相关的保密事项。

对负有保密义务的劳动者，用人单位可以在劳动合同或者保密协议中与劳动者约定竞业限制条款，并约定在解除或者终止劳动合同后，在竞业限制期限内按月给予劳动者经济补偿。劳动者违反竞业限制约定的，应当按照约定向用人单位支付违约金。

《最高人民法院关于审理劳动争议案件适用法律若干问题的解释（四）》

第六条　当事人在劳动合同或者保密协议中约定了竞业限制，但未约定解除或者终止劳动合同后给予劳动者经济补偿，劳动者履行了竞业限制义务，要求用人单位按照劳动者在劳动合同解除或者终止前十二个月平均工资的30%按月支付经济补偿的，人民法院应予支持。

前款规定的月平均工资的30%低于劳动合同履行地最低工资标准的，按照劳动合同履行地最低工资标准支付。

三、竞业补偿的支付

竞业禁止纠纷作为劳动纠纷，劳动者对合同义务的违反往往也代表着用人单位知识产权、商业秘密等合法权益被侵犯。因此，在审判过程中，兼顾劳动权与知识产权的法益平衡就很重要。上海市第一中级人民法院审理的腾讯科技（上海）有限公司诉徐某华竞业限制纠纷案，确立了在职期间发放的股票也可以属于竞业限制经济补偿、在第三人给付的情况下用人单位也可以主张违约责任、用人单位的关联企业与劳动者设立的竞争公司合作不能当然认定免除竞业限制义务等原则，对审判实践具有参考意义。

（一）典型案例

☞ 腾讯科技（上海）有限公司诉徐某华竞业限制纠纷案[7]

【关键词】竞业限制　第三人给付　非货币违约责任

┃基本案情┃

原告（二审上诉人）：腾讯科技（上海）有限公司；被告（二审上诉人）：徐某华。

原告腾讯科技（上海）有限公司（以下简称腾讯上海公司）诉称：徐某华在公司从事游戏产品研发。2012年10月25日，双方签订《协议书》约定，母公司腾讯控股有限公司以向徐某华授予限制性股票作为对价，徐某华在职期间及离职后两年内不得自营或参与经营有竞争关系的企业；如徐某华违约，应向原告支付限制性股票的收益，以公司采取法律行动当日市值计算。据此，徐某华被授予腾讯控股有限公司限制性股票19220股，后该股票1股分拆成5股，获得了巨额经济收益。2014年5月28日徐某华辞职。之后，公司发现徐某华在2014年1月26日出资设立的公司开发一款名为"无尽对决"的网络游戏。该公司又投资成立了三家公司，徐某华同时是这四家公司的法定代表人。四家公司的经营范围均与原告及关联公司的经营范围高度重合。因此，徐某华严重违反了竞业限制约定，应按约承担违约责任，即向公司支付限制性股票的所有收益23555588.02元。

被告徐某华辩称：离职后投资设立的两家公司分别自主研发了"魔法英雄""巨龙之战"两款网络游戏。腾讯上海公司的关联公司分别与两家公司就游戏在腾讯平台上线发行签订了合作协议，表明腾讯上海公司知晓其离职后从事游戏开发和运营，不仅未认定利益受损，反而开展合作，说明公司已放弃要求其履

------

[7]　（2017）沪0104民初13606号；（2018）沪01民终1422号。

行竞业限制义务。《协议书》约定竞业限制范围包括九类业务领域，多达50家竞争对手公司，剥夺了其正当择业及就业权。劳动合同约定月薪中的200元作为离职后的竞业限制补偿金，因违法而无效。限制性股票属于工资薪金所得，不是补偿金。授予股票的主体是腾讯控股有限公司，腾讯上海公司从未在其离职后按月支付补偿金。徐某华离职后两年内，有关公司所开发的网络游戏有的未上线，有的上线系测试，有的境外上线，实际上并未构成竞争关系。竞业限制违约金应以劳动合同约定的10万元为准，股票收益不能作为计算依据。即使计算股票的收益，也应扣除个人所得税，应为2672842.89元。

一审法院查明，2009年4月1日起，徐某华在腾讯上海公司从事网络游戏开发运营工作。劳动合同约定："甲方（腾讯上海公司，系腾讯控股有限公司的子公司）的报酬体系中的200元/月为乙方（徐某华）离职后承担不竞争义务的补偿费""乙方违反不竞争的约定，除乙方与新聘用单位解除非法劳动关系，尚须向甲方支付拾万元违约金"。

2012年10月25日，双方签订《协议书》，约定："……乙方特作出本保密与不竞争承诺，甲方母公司（腾讯控股有限公司）授予乙方股票期权或限制性股票的对价……一、权利和义务（一）乙方承诺：（1）未经甲方书面同意，在职期间不得自营、参与经营与甲方或甲方关联公司构成业务竞争关系的单位；（2）离职后两年内乙方不得与同甲方或甲方关联公司有竞争关系的单位建立劳动关系、劳务关系、劳务派遣、咨询顾问、股东、合伙人等关系；（3）离职后两年内都不得自办与甲方或关联公司有竞争关系的企业或者从事与甲方及其关联公司商业秘密有关的产品、服务的生产、经营……（二）甲方承诺：由腾讯控股有限公司将于乙方任职期间向乙方发放股票期权或限制性股票若干作为乙方承诺保密与不竞争的对价。二、违约责任：甲、乙双方约定：（1）乙方不履行本协议约定的义务，应当承担违约责任：……对于已行使股票期权或限制性股票，则甲方有权向乙方追索所有任职期间行使股票期权或限制性股票所生之收益。若行使股票期权所生之收益数额难以确定，以甲方对乙方的违约行为初次采取法律行动当日的股票市值与授权基础价格之差价计算；限制性股票以采取法律行动当日股票市值计算……"

与前述《协议书》相对应，徐某华和腾讯上海公司签订了相关协议，明确限制性股票数、登记日、解禁日、过户方式等。解禁并过户至徐某华股票账户内的腾讯控股有限公司限制性股票合计19220股，抵扣税款的股票数合计3388股，实际过户至徐某华名下合计15832股。

腾讯上海公司为徐某华办理了退工日期为 2014 年 5 月 28 日的网上退工手续。上海沐瞳科技有限公司（以下简称沐瞳公司）为徐某华办理了招工日期为 2014 年 6 月 1 日的用工手续。

沐瞳公司成立于 2014 年 1 月 26 日，徐某华为该公司法定代表人、股东。徐某华离职后两年内上海杭泽网络科技有限公司（以下简称杭泽公司）、上海沐央网络科技有限公司（以下简称沐央公司）、上海沐联网络科技有限公司（以下简称沐联公司）成立。沐瞳公司为三家公司的股东，徐某华为法定代表人、执行董事。上述四家公司经营范围都包括"计算机技术、电子技术、互联网技术、通信技术领域内的技术开发、技术服务、技术转让、技术咨询"。腾讯上海公司的经营范围包括"开发、设计、制作计算机软件，销售自产产品，并提供相关的技术咨询和技术服务"。徐某华投资的杭泽公司曾与深圳市腾讯计算机系统有限公司（以下简称深圳腾讯公司）签订有游戏合作协议。

2017 年 5 月 27 日，腾讯上海公司申请仲裁，要求徐某华依据《协议书》支付 23121805 元。仲裁委员会以腾讯上海公司的请求不属于劳动争议受理范围为由，作出不予受理的通知。腾讯上海公司对此不服，向一审法院提起诉讼。

| 裁判结果 | 一审判决：上海市徐汇区人民法院于 2017 年 12 月 7 日作出（2017）沪 0104 民初 13606 号民事判决：徐某华于判决生效之日起七日内支付腾讯科技（上海）有限公司违约金人民币 3723246.26 元。

宣判后，腾讯上海公司及徐某华均向上海市第一中级人民法院提起上诉。

二审判决：上海市第一中级人民法院于 2018 年 6 月 22 日作出（2018）沪 01 民终 1422 号民事判决：（1）撤销上海市徐汇区人民法院（2017）沪 0104 民初 13606 号民事判决；（2）上诉人徐某华于本判决生效之日起十日内支付上诉人腾讯科技（上海）有限公司人民币 19403333 元；（3）驳回上诉人腾讯科技（上海）有限公司、上诉人徐某华的其余上诉请求。

| 裁判依据 | 徐某华以双方商谈合作而认为腾讯上海公司放弃要求其履行竞业限制义务，难以成立。而且，根据徐某华所述，与杭泽公司等商谈的是深圳腾讯公司，并非腾讯上海公司，更不能证明其主张。《协议书》系当事人的真实意思表示，双方均应履行约定的义务。徐某华在职期间以及竞业限制期内设立四家竞争性公司，明显违反竞业限制义务。

劳动合同约定报酬体系中的 200 元/月为不竞争义务的补偿费，并不违反法律的强制性规定。《协议书》明确约定，由母公司腾讯控股有限公司授予徐某华限制性股票作为对价。徐某华虽坚持认为腾讯上海公司没有支付竞业限制的经济补偿，但其亦未请求解除竞业限制约定，约定有效。

双方 2012 年 10 月 25 日签订《协议书》构成对劳动合同中违约责任的变更。徐某华取得了限制性股票，理应根据《协议书》的约定承担违约责任，即腾讯上海公司有权向徐某华追索所有限制性股票所生之收益。一审以"行使"限制性股票即解禁日确定收益，与约定不符。由于徐某华不提供交易记录，导致收益数额难以确定，因此应以腾讯上海公司采取法律行动当日股票市值计算，即为 19403333 元。

（二）裁判旨要

竞业限制协议中，竞业限制的范围是否过宽，在司法实践中有两种观点：一种是对范围进行实质审查，一种是对范围进行形式审查。但是两种观点的核心都在于如果劳动者由实际证据证明范围过宽的，则在可以证明的范围内剔除该部分限制，但部分条款的限制并不影响整个竞业限制协议的效力。若用人单位要免除劳动者的限制义务，应当有明确的意思表示，而不能通过默示推定免除。

（三）律师评析

1. 合同条款部分无效并不必然导致合同无效

根据《劳动合同法》第二十四条规定，竞业限制的范围、地域、期限由用人单位与劳动者约定，竞业限制的约定不得违反法律、法规的规定。从条文内容上看，竞业限制的具体内容系当事人自行约定，具有明显的当事人意思自治的特点。由前文所述可知，《劳动合同法》中关于竞业限制协议的规定属于管理性规定，合同不因违反管理性规定而无效。退一步说，即使竞业限制协议中部分关于竞业范围、时间的约定因违反了法律强制性规定而无效，也不必然导致整个协议无效，对于仍然有效的条款，劳动者也应当履行合同义务。

本案中，徐某华抗辩称，《协议书》约定的竞业限制范围包括九类业务领域，多达 50 家公司，几乎涵盖了整个互联网行业及所有经营领域，远超正当保护商业秘密的需求，因此要求认定《协议书》无效。从前文可知，仅仅是关于范围的约定无效，并不必然导致全合同无效。如劳动者对类似本案中竞业限制范围有异议的，法院在审判过程中应当进行审查。这种审查在实践中有两种观点，以下分别说明。

第一种观点认为，法院应当充分尊重当事人意思自治，不进行实质审查而进行形式审查，即以协议约定为准。另一种观点认为，法院应当对竞业限制范围进行实质审查，即对劳动者离职后从事的工作以及提供劳动的用人单位是否与原用人单位构成竞争进行实质审查，并据此判断劳动者是否违反竞业限制义务。当然，如果劳动者能充分举证竞业限制范围过宽，法院也应当采纳。

律师认为，竞业限制制度的目的在于实现用人单位的商业秘密保护与劳动者自主择业之间的一种平衡，这个平衡点应当交由双方当事人自己掌握，而不是由法院主动干预，即法院对竞业限制中范围的约定采取形式审查即可。同时，本案中徐某华并没有对《协议书》中竞业限制的范围过大提出异议，而是直接违反协议约定义务，因此以竞业限制范围过大作为抗辩理由是没有事实与法律依据的。根据《劳动争议司法解释（四）》的规定，用人单位若三个月未支付经济补偿的，劳动者可以申请解除竞业限制约定。从条文中可以了解，用人单位未支付补偿的，竞业限制协议并不当然无效，而是需要劳动者申请才能解除。

2. 竞业限制补偿金的发放方式可以由当事人自行约定，竞业限制补偿以非货币形式发放的，并不影响其补偿的本质，具体内容应当尊重当事人合意

一般理解认为，竞业限制补偿金系为补偿劳动者离职后，履行竞业限制义务其自主择业被限制而造成的生活困难，用人单位支付补偿金的行为。因此，竞业限制补偿金的发放需要独立于工资体系，实践中补偿金的发放通常都在劳动者离职后。但法律并没有明文规定该补偿不能在在职期间发放，因此只要满足经济补偿的独立性，用人单位与劳动者的约定应当被尊重。

本案中，竞业限制补偿金被腾讯上海公司以提供母公司限制性股票的形式发放给徐某华，限制性股票显然不属于工资体系的一部分，以此种非货币形式支付补偿金，也并没有减少劳动者的利益，反而劳动者在还未离职时已经提前获取了相关的收益，因此不能认定提前发放竞业限制补偿的形式违反了法律规定而无效。

3. 竞业限制义务的免除应当有明确的意思表示

本案中，徐某华对于腾讯上海公司的主张，以其投资的杭泽公司与腾讯上海的关联公司有合作为由，主张腾讯上海公司默示同意免除其竞业限制义务。

根据《民法总则》第一百四十条规定，行为人默示只有在有法律规定、当事人约定或者符合当事人之间的交易习惯时，才可以视为意思表示。在用人单位与劳动者之间，并没有法律规定原用人单位关联企业与劳动者关联企业之间的合作可以免除劳动者的竞业限制义务。

律师认为，对于竞业限制业务的免除，之所以需要明确的意思表示，是因为竞业限制义务的遵守同时是对用人单位商业秘密、知识产权等重大利益的保护。若仅仅因为双方关联企业有某些合作关系，就直接默认免除劳动者竞业限制义务的话，无疑加重了用人单位的责任与经营难度，在实践中用人单位因信息不对称也可能难以获得合作公司的实际控制人相关情况。本案中，徐某华设立的沐央公司委托案外人公司运营游戏，案外人公司与深圳腾讯公司签订游戏合作接入协议，但该协议的双方当事人并非徐某华或徐某华投资的公司与腾讯上海公司，且协议内容并未涉及免除竞业限制之义务，因此不能认为腾讯上海公司免除了徐某华的竞业限制义务。

（四）相关法条及司法解释

《中华人民共和国劳动合同法》

第二十四条 竞业限制的人员限于用人单位的高级管理人员、高级技术人员和其他负有保密义务的人员。竞业限制的范围、地域、期限由用人单位与劳动者约定，竞业限制的约定不得违反法律、法规的规定。

在解除或者终止劳动合同后，前款规定的人员到与本单位生产或者经营同类产品、从事同类业务的有竞争关系的其他用人单位，或者自己开业生产或者经营同类产品、从事同类业务的竞业限制期限，不得超过二年。

《最高人民法院关于审理劳动争议案件适用法律若干问题的解释（四）》

第八条 当事人在劳动合同或者保密协议中约定了竞业限制和经济补偿，劳动合同解除或者终止后，因用人单位的原因导致三个月未支付经济补偿，劳动者请求解除竞业限制约定的，人民法院应予支持。

《中华人民共和国民法典》

第一百四十条 行为人可以明示或者默示作出意思表示。

沉默只有在有法律规定、当事人约定或者符合当事人之间的交易习惯时，才可以视为意思表示。

第六章　养老保险待遇纠纷

一、养老保险待遇纠纷概述

养老保险，全称社会基本养老保险，是我国社会保险五大险种中最重要的险种之一，是国家和社会根据法律和法规，为解决劳动者在达到国家规定的解除劳动义务的劳动年龄界限，或因年老丧失劳动能力退出劳动岗位后的基本生活而建立的一种社会保险制度。养老保险作为现代社会保障体系的重要组成部分，承担着解除社会成员年老后生活来源后顾之忧的职责，是现代国家公民的一项基本社会权益。[1]

我国的养老保险由四个层次（或部分）组成。第一层次是基本养老保险，第二层次是企业补充养老保险，第三层次是个人储蓄性养老保险，第四层次是商业养老保险。在这种多层次养老保险体系中，基本养老保险是最高层次。基本养老保险以保障离退休人员的基本生活为原则。它具有强制性、互济性和社会性。它的强制性体现在由国家立法并强制实行，企业和个人都必须参加而不得违背；互济性体现在养老保险费用来源，一般由国家、企业和个人三方共同负担，统一使用、支付，使企业职工得到生活保障并实现广泛的社会互济；社会性体现在养老保险影响很大，享受人多且时间较长，费用支出庞大。[2] 企业补充养老保险，即由国家宏观调控、企业内部决策执行的企业补充养老保险，又称企业年金，它是指由企业根据自身经济承受能力，在参加基本养老保险基础上，为提高职工的养老保险待遇水平而自愿为本企业职工建立的一种辅助性的养老保险。

---

〔1〕　鲁全：《中国养老保险法制建设：法律性质、现状与未来发展》，载《探索》2020 年第 3 期。
〔2〕　常满荣：《我国养老保险法制化进程分析》，载《河北法学》2007 年第 1 期。

我国现行的养老保险制度是在从计划经济向市场经济转型的过程中从传统的退休金制度逐步演变而来的。[3] 从原来由企业负担转向社会统筹，直至发展到建立起个人账户。2011 年 7 月，《社会保险法》正式实施。作为社会保险领域的基本法，其专设第二章"基本养老保险"，共 13 个条款，对基本养老保险的法律关系及制度框架进行了规定。但在养老保险的具体实践中，迄今仍以各种政策性文件为实施依据，司法机构亦往往只能以相关的规章制度和政策文件作为审判依据，这就导致了裁判标准不统一的情况。养老保险待遇，关乎广大劳动者的切身利益。随着有关养老保险的劳动争议日益增多，司法实践面临的问题也不断凸显，本文拟对该类纠纷进行探讨。司法实践中，劳动者与用人单位因基本养老保险发生争议主要有以下两种情况：一是基本养老保险参保纠纷；二是基本养老保险待遇损失赔偿纠纷。

二、已达法定退休年龄再就业的法律关系及基本养老保险损失赔偿认定

（一）典型案例

☞ 龚某荣诉淅川县第二小学养老保险待遇纠纷案[4]

【关键词】养老保险待遇　损失

| 基本案情 |

原告：龚某荣；被告：淅川县第二小学。

原告龚某荣生于 1955 年 8 月 28 日，2003 年 12 月起在被告淅川县第二小学下设的幼儿园从事门卫工作，至 2005 年 8 月达到法定退休年龄，未享受退休待遇，仍在被告处工作。2015 年 7 月被告通知原告离校。在此期间，被告未给原告办理养老保险登记和缴纳养老保险费。2015 年 8 月 20 日，原告申请仲裁要求被告支付养老金，淅川县劳动人事争议仲裁委员会以超过诉讼时效为由不予受理。

| 裁判结果 | 一审判决：河南省淅川县法院判决被告淅川县第二小学赔偿

---

〔3〕 鲁全：《中国养老保险法制建设：法律性质、现状与未来发展》，载《探索》2020 年第 3 期。
〔4〕 《人民司法·案例》2017 年第 29 期，（2016）淅民初字第 262 号。

原告龚某荣损失 37737 元，驳回原告其他诉讼请求。

宣判后，各方当事人均未提起上诉，判决已生效。

| 裁判依据 | 2009 年河南省出台了《关于城镇企业职工基本养老保险若干政策问题的处理意见》（豫劳社养老〔2009〕5 号），文件将经县级以上劳动人事部门选招为国家正式职工的未参保人员以及没有经过正式招工但目前仍与企业保持劳动关系的未参保人员、已参保企业中的漏保人员等，纳入了基本养老保险统筹范围。并且在"三、关于达到政策规定退休条件时缴费年限累计不满15 年的人员延续缴费问题"中规定："参加城镇企业职工基本养老保险的人员，达到政策规定退休条件时缴费年限累计不满 15 年的，可向后延续缴费至满 15 年再办理退休手续。延续缴费人员的基本养老金，按照其办理退休手续时的计发办法计发。……五、关于机关事业单位使用的临时工参加企业职工基本养老保险处理问题规定：现与机关事业单位（以下简称用人单位）保持劳动关系的临时工，应当参加企业职工基本养老保险。《劳动法》实施前用人单位使用的临时工，从 1995 年 1 月起补缴养老保险费，之前不能补缴，也不作为视同缴费年限；《劳动法》实施后用人单位使用的临时工，从使用当月起补缴养老保险费。缴费基数和缴费比例按照当时当地企业职工基本养老保险有关规定执行，同时按照对应缴费年度个人账户记账利率补缴利息。计息和记账办法同本意见第一条第（三）项。"豫社养老局〔2009〕16 号《关于贯彻豫劳社养老〔2009〕5 号文件有关问题的通知》"二、关于超龄人员参保资格核准问题：……2. 超龄人员参保，由其单位统一办理参保手续；超龄人员单位已关停的，由其主管部门代为办理参保手续；超龄人员单位已关停且无主管部门的，可以个人名义申请办理参保手续"。豫人社养老〔2014〕68 号《河南省人力资源和社会保障厅关于做好解决企业职工基本养老保险历史遗留问题收尾工作的通知》规定：2014 年 12 月 31 日起，不再办理超龄人员基本养老保险。2014 年河南职工年平均工资 38804 元。

（二）裁判旨要

已达到法定退休年龄，未开始依法享受基本养老保险待遇的人员，与用人单位的用人关系仍为劳动关系而非劳务关系，属于劳动法调整范围，劳动者以用人单位未为其缴纳养老保险费致使其不能依法享受养老保险待遇为由，请求用人单位赔偿养老保险待遇损失的，人民法院应当予以支持。个人缴费未满 15 年，养老保险待遇损失应当参照社会保险经办机构对缴费年限补足的参保人员不延缴养老保险费的一次性支付标准，按照每满一年发给相当于一个月当地上一年度职工月平均工资标准一次性支付劳动者养老保险待遇赔偿。

（三）律师评析

司法实践中，劳动者与用人单位因基本养老保险发生争议主要有以下两种情况：一是基本养老保险参保纠纷。即用人单位未依法给劳动者办理基本养老保险参保手续、缴纳养老保险费，因劳动者主张自己的权利，要求用人单位补办基本养老保险手续、补缴社会保险费，与用人单位之间发生的社会保险纠纷。二是基本养老保险待遇损失赔偿纠纷。即劳动者退休后，因原用人单位未依法参加基本养老保险、缴纳养老保险费，致使劳动者因享受不到基本养老保险待遇发生现实损失，劳动者要求用人单位按照参保条件下应享受的基本养老保险待遇标准承担赔偿责任的纠纷。本案属于第二种情形。用人单位是否承担赔偿责任，首先需解决的问题是，劳动者退休后又被雇用的，与用人单位是劳务关系还是劳动关系，应否受劳动法的调整。

1. 已达到退休年龄再就业的法律关系认定

本案涉及已达国家法定退休年龄人员再就业法律关系判定及如何适用法律。根据《劳动合同法》第四十四条的规定，如劳动者享受了基本养老保险待遇，那么劳动者和用人单位之间的劳动合同终止，将不能受劳动合同法的调整；相反，劳动者如果已经达到国家法定退休年龄再次进入劳动力市场，在没有享受基本养老保险待遇的情况下，劳动者与用人单位仍属于劳动合同法调整的劳动关系。也就是说，是否享受了基本养老保险待遇成为衡量劳动者与用人单位之间法律关系的关键所在。《劳动争议司法解释（三）》第七条规定："用人单位与其招用的已经依法享受养老保险待遇或领取退休金的人员发生用工争议，向人民法院提起诉讼的，人民法院应当按劳务关系处理。"

目前，由于我国地方立法对此问题的规定存在较大差异，各地法院对退休人员与用人单位发生的用人纠纷的处理不尽一致。司法实践中概括地说，主要有四种情况：第一，劳务关系说。"用人单位招用已达到法定退休年龄的人员，双方形成的用工关系按雇佣关系处理。"〔5〕第二，特殊劳动关系说。上海市劳动和社会保障局于2003年发布了《关于特殊劳动关系有关问题的通知》规定，特殊劳动关系是独立于标准劳动关系及民事劳务关系之外的一种特殊用工关系，虽然劳动者不具备劳动法律所规定的主体资格，但其仍然受用人单位的管理，领取劳动报酬。其在劳动过程中也应当参照工作时间、劳动保护、最低工资等规定的标准。即退休人员与用人单位之间不适用《劳动法》，按民事法律关系处理，双方可以就权利和义务进行协商、获得赔偿，但不影响退休人员获得工伤保险。但有些地方政府对达到或超过法定退休年龄的劳动者在工作中伤亡是否认定工伤明确规定不予受理。第三，劳动关系说。该理论强调，劳动者达到法定退休年龄，并不意味着劳动者完全没有了劳动能力，且劳动者退休权利的实现并不意味着其同时失去或放弃再就业的权利，仍可以与用人单位建立合法有效的劳动关系。第四，社保待遇挂钩说。广东省出台的《关于适用〈劳动争议调解仲裁法〉、〈劳动合同法〉若干问题的指导意见》第十七条中规定："用人单位招用已达法定退休年龄但未享受养老保险待遇或退休金的人员，双方形成的用工关系可按劳动关系处理。用人单位招用已享受养老保险待遇或退休金的人员，双方形成的用工关系应按雇佣关系处理。"〔6〕该指导意见将是否享受养老保险待遇作为判定是劳动关系还是劳务关系的标准。这种观点其实是将劳动关系与否和社保待遇挂钩，因而可称为"社保待遇挂钩说"。

本案中，法院根据《劳动争议司法解释（三）》第七条规定，认为本案中原告龚某荣并未享受基本养老保险待遇，其虽已达退休年龄，但劳动关系未终止。被告明知原告已达法定退休年龄，但并未提出终止与原告的劳动关系，表明被告与原告均有继续履行劳动关系的意思表示，并且在原告龚某荣达到法定退休年龄后双方实际上也一直履行着劳动合同，原告也并未享受基本养老保险待遇。

2. 劳动者主张基本养老保险损失赔偿的举证及认定

《劳动争议司法解释（三）》第一条规定，"劳动者以用人单位未为其办理

---

〔5〕 江苏省高级人民法院和江苏省劳动争议仲裁委员会联合发布《关于审理劳动争议案件的指导意见》第三条规定："用人单位招用已达到法定退休年龄的人员，双方形成的用工关系按雇佣关系处理"。广东省高级人民法院与广东省劳动争议仲裁委员会联合下发《关于审理劳动人事争议案件若干问题的座谈会纪要》第17条规定："用人单位招用已达法定退休年龄但未享受养老保险待遇或退休金的劳动者，双方形成的用工关系按劳务关系处理。"

〔6〕 张慧：《退休人员再就业的法律关系认定》，载《企业改革与管理》2017年第15期。

社会保险手续，且社会保险经办机构不能补办导致其无法享受社会保险待遇为由，要求用人单位赔偿损失而发生争议的，人民法院应予受理"，明确将社会保险损失赔偿纠纷纳入诉讼解决机制，并将适用主体扩大到在职的劳动者，适用时间不限于劳动者退休后。

3. 劳动者与用人单位之间存在劳动关系

这是引发养老保险待遇损失纠纷的基本前提。职工参加基本养老保险是用人单位的法定义务，尽管《劳动合同法》第三条强调用人单位与劳动者订立劳动合同，应当遵循合法、公平、平等自愿、协商一致、诚实信用的原则，但该法第十七条明确要求订立的劳动合同中应当具有社会保险的约定，《劳动法》第七十二条、《社会保险法》第十条第一款又加强了社会保险的强制性。换句话讲，不管劳动合同是否订立、如何订立，只要劳动关系建立，社会保险是必有内容。只有同时具备以下两个条件，才可由法院处理：一是用人单位未为劳动者参与基本养老保险。未为劳动者参与基本养老保险可以是用人单位逃避责任，也可以是用人单位经办人员漏办，还可以是未准确按劳动者信息参加养老保险，导致参保人员并非劳动者本人，或发现劳动者提供的信息不正确而不及时纠正，导致劳动者不能参保。二是这种损失的产生是基于不能补办养老保险，如果可以补办的话，则属于参保问题，自然不会导致养老保险待遇的损失。我国目前没有统一的养老保险补办规定，具体是否可以补办、如何补办、不能补办的情形均由各地方自主决定，比如有的地方就将达到退休年龄的劳动者排除在补办范围之外。

4. 举证责任的承担

根据《劳动争议司法解释（三）》的规定，劳动者要求用人单位赔偿社会保险待遇损失，应具备三个前提条件：一是用人单位未为劳动者办理社保手续并缴纳社保费；二是社会保险经办机构不能补办；三是劳动者无法享受社会保险待遇而产生损失。对于第一个条件，应由劳动者证明其与用人单位存在劳动关系，用人单位基于劳动关系有办理社会保险的法定义务但未给办理。社会保险经办机构能否补办的举证责任，原则上由用人单位承担，因为给劳动者办理社会保险系用人单位的法定义务，若能为劳动者补办社会保险，用人单位有义务为劳动者补办，只有在社保机构明确表示不能补办，且经法院确认社保机构确实不应补办时，才能发生损害赔偿之债。也即在社会保险经办机构能否补办上必须由法院作出确认，这是为了更好地维护劳动者的合法权利。对于劳动者的社会保险损失，一般来说未缴纳医疗、工伤、失业和生育保险而遭受的损失是即时损失，未缴纳养老保险损失是累计损失、延迟损失。

5. 赔偿损失的标准及计算

根据《社会保险法》第十五条第二款之规定，养老保险待遇受到以下几方面因素影响：个人累计缴费年限、缴费工资、当地职工平均工资、个人账户金额、城镇人口平均预期寿命。养老保险待遇损失的计算依据纷繁复杂，而且受影响的因素较多，除非专业的机构进行核定，劳动者和一般的企业均难以证明其待遇损失。以养老保险为例，根据各自缴费情况，不同劳动者养老金金额各有不同，在没有养老保险缴费记录的情况下，社保机构很难核算养老金金额。《劳动争议司法解释（三）》也并未明确损失的确定标准和具体赔偿标准，如何确定劳动者的全部损失，给司法实践带来挑战。为此，向专业机构提起核定待遇损失不失为解决之道。如《广州市劳动争议仲裁委员会、广州市中级人民法院关于劳动争议案件研讨会会议纪要（2011）》第三十六条规定："劳动者无法享受社会保险待遇的具体损失数额不明确的，可由当事人向社会保险经办机构及相关单位申请核定；劳动争议仲裁委员会和人民法院如认为有需要，也可以委托社会保险经办机构及相关单位对有关费用进行核定。"

司法实践中，我国法院对于养老保险待遇损失的测算核定，大致存在四种模式：一是酌定模式，即法院根据案件具体情况酌情确定用人单位需要支付的赔偿数额〔韩某君与陕西超洁物业有限责任公司劳动争议纠纷，案号：（2018）陕04民终437号〕。二是经由社保经办机构按劳动者正常退休核准的待遇进行核算，后按照当地居民平均年龄累计计算出数额或按照按段判决赔偿的方式，由单位进行赔偿。三是参照劳动者达到法定退休年龄时的上年度城镇职工基本养老保险企业退休人员月人均养老金的水平，结合劳动者劳动年限以及本区域人口平均寿命综合确定〔昌江欣达实业有限公司诉潘某娟养老保险待遇纠纷案，案号：一审：（2015）昌民初字第（257）号；二审：（2016）琼97民终30号〕。四是根据工作年限（在用人单位工作未满15年的）按社会平均工资一定倍数确定损失。具体可见江苏省高级人民法院、江苏省劳动人事争议仲裁委员会《关于审理劳动人事争议案件的指导意见（二）》第二十条之规定，劳动者超过法定退休年龄请求用人单位赔偿养老保险待遇损失，且经社会保险经办机构审核确实不能补缴或者继续缴纳养老保险费的，自该用人单位依法应当为劳动者办理社会保险之日起，如果劳动者在用人单位连续工作未满十五年，用人单位应按照每满一年发给相当于一个月当地上一年度职工月平均工资标准一次性支付劳动者养老保险待遇赔偿。如果劳动者在用人单位连续工作满十五年，用人单位应按统筹地区社会保险经办机构核定的，以当地最低社会保险缴费基数为缴费基准，并按其应当缴费年限确定养老金数额，按月支付劳动者养老保险待遇，并随当地企业退休人员养老金水平调整而调整。本案中，法院便采取了第三种计算方式。

（四）相关法条及司法解释

《最高人民法院关于审理劳动争议案件适用法律若干问题的解释（三）》

第一条 劳动者以用人单位未为其办理社会保险手续，且社会保险经办机构不能补办导致其无法享受社会保险待遇为由，要求用人单位赔偿损失而发生争议的，人民法院应予受理。

第七条 用人单位与其招用的已经依法享受养老保险待遇或领取退休金的人员发生用工争议，向人民法院提起诉讼的，人民法院应当按劳务关系处理。

三、政府主导改制过程中引发的养老保险待遇争议

（一）典型案例

☞ **徐某林与淮安市爱德医疗器械公司等养老保险待遇纠纷案**[7]

【关键词】改制 受案范围

| 基本案情 |

原告（二审上诉人）：徐某林；被告（二审被上诉人）：淮安市爱德医疗器械公司。

淮阴市（现为淮安市）清浦区百灵服装厂创建日期为 1981 年 7 月，所属企业名称为淮阴市清江社会福利厂，主管部门为清江街道办事处，性质为集体所有制，开业日期为 1985 年 6 月。后淮阴市百灵服装厂更名为淮阴市爱德实业公司，负责人由周国栋变更为高建国，经济性质均为集体所有制。1998 年 2 月 21 日，淮阴市

----

〔7〕 （2014）浦民初字第 1733 号；（2014）淮中民终字第 1957 号。

清浦区清江街道办事处与高建国签订《企业产权转让合同》1份，将淮阴市爱德实业公司企业资产产权转让给高建国。此后，淮阴市爱德实业公司经济性质变更为股份合作制，并申请了两次企业名称变更，最终公司名称为淮安市爱德医疗器械公司，法定代表人均为高建国。

1984年10月25日，淮阴市清江社会福利厂在徐某林的《领取独生子女证申请书》中女方基层单位意见一栏加盖印章。1986年3月10日，淮安市清江社会福利厂向清江幼儿园出具联系函1份，载明：兹有我厂职工徐某林独生子女沈永振前往贵处入托，请给予办理手续为感。

1987年9月10日，清江社会福利厂（百灵服装厂）（甲方）与徐某林（乙方）签订了1份《劳动合同》，约定："我厂职工徐某林同志，因厂效益不好，本人身体欠佳，特打报告申请停薪留职。经厂领导研究，并请示清江街道工商公司负责人董乃章同意，可以办理停薪留职手续；乙方于1975年6月参加工作，定为厂内三级工（固定工资加计件工资）。在停薪留职期间，可以享受连续工龄。乙方可根据实际需要随时复工，甲方表示同意；在乙方办理停薪留职期间，不享受厂内职工福利待遇，乙方表示同意；甲方提出，乙方如需办理退休手续，必须按法定退休年龄延迟五年，方可到厂方办理退休手续，乙方表示同意。双方签字盖章，并报请清江街道批准后，立即生效（原件存档备案）。"该劳动合同左下角"符合政策，照办，清江办，1987.10.12"处加盖了"淮阴市清浦区清江街道办事处"字样印章。

1998年2月21日，清江街道办事处（甲方）与高建国（乙方）签订《企业产权转让合同》1份，约定："甲方将淮阴市爱德实业公司企业资产产权转让给乙方；产权转让作价30万元，由乙方按此价格于合同签字时一次性付清；原淮阴市爱德实业公司的债权、债务在合同生效后由乙方负责；原企业（包括光泽造纸厂）退休、内退、停薪留职、病休、长期病假的职工仍按原政策标准（如遇政策调整，则按新政策而调整）由乙方负责。"

1998年2月27日，清江街道办事处向徐某林出具证明1份，载明："兹有我街道所辖的原清江社会福利厂、百灵服装厂，原名为淮阴市爱德实业公司，按照淮阴市人民政府淮发〔1997〕39号文件精神，对企业进行改制，经清江街道办领导人研究，将该企业转让给高建国同志。转让合同中明确规定，对原有退休、内退、病休、停薪留职等遗留问题，仍按原政策精神，所有待遇不变，由高建国同志负责处理。关于徐某林同志于1987年9月10日办理的停薪留职手续，依然有效，受法律保护（原件存档备查）。特此证明。"

2013 年 9 月 22 日，徐某林就其与爱德公司和清江街道办事处之间的养老保险待遇争议向淮安市清浦区劳动争议仲裁委员会申请仲裁，该仲裁委员会当日作出浦劳仲不字〔2013〕第 25 号《不予受理案件通知书》，载明："因超过劳动争议一年的仲裁时效，故决定不予受理。"徐某林不服该通知书，遂诉至一审法院，形成本案诉争。

┃判决结果┃一审、二审法院经过审理，分别作出如下裁定。

一审裁定：驳回原告徐某林的起诉。案件受理费 10 元，予以免收。

徐某林不服一审裁定，向江苏省淮安市中级人民法院提起上诉。

二审判决：依法裁定驳回上诉，维持原裁定。

┃裁判依据┃一审法院认为，上述事实有双方当庭陈述及徐某林举证的《领取独生子女证申请书》、联系函、职工代表合影、《劳动合同》、《企业产权转让合同》、证明、《不予受理案件通知书》各 1 份，及爱德公司工商档案 11 页在卷印证。经庭审质证，爱德公司除对《劳动合同》真实性持有异议外，对其余证据真实性均不表异议。清江街道办事处除对《领取独生子女证申请书》、《企业产权转让合同》、《不予受理案件通知书》、工商档案真实性无异议外，对其余证据真实性均不予认可。一审审查后认为上述证据与本案具有关联性，徐某林举证的《领取独生子女证申请书》能够证明其与淮阴市清江社会福利厂之间存在劳动关系，同时其举证的《劳动合同》、证明中均载有"原件存档"字样，清江街道办事处对徐某林所举部分证据真实性不予认可，但并未提供徐某林的档案资料等相应证据来印证其质证观点，故对上述证据均予以采信。企业产权制度和劳动用工制度改革引起的职工下岗、买断工龄、内退、整体拖欠工资等纠纷，人民法院均不予受理。同时，《劳动争议司法解释（三）》第二条明确规定："因企业自主进行改制引发的争议，人民法院应予受理。"徐某林原系淮阴市清江社会福利厂职工，该厂系清江街道办事处主管的集体所有制企业，后在政府主导下进行改制，演变为爱德公司，企业性质亦由集体所有制变为股份所有制。本案诉争因企业产权制度改革引起，且不属于企业自动进行改制所引起，故徐某林的诉讼请求不属于法院受理范围。

二审法院认为，清江街道办事处在 1998 年 2 月 21 日根据市委、市政府相关文件精神，将原淮阴市爱德实业公司资产转让出售给高建国个人所有，该企业性质由集体所有制改制为股份制。上述改制行为并非属于企业自主进行改制，故本案徐某林主张社会保险待遇，是在政府行为主导企业改制过程中出现的情况，不是履行劳动合同中的问题，不属于劳动争议案件。一审认定事实及适用法律并无不当。徐某林的上诉理由不能成立，法院不予采纳。

（二）裁判旨要

本案中，改制行为并非属于企业自主进行，故徐某林主张社会保险待遇，是在政府行为主导企业改制过程中出现的情况，不是履行劳动合同中的问题，不属于劳动争议案件。

（三）律师评析

20 世纪 90 年代国有企业改革引发了下岗潮。为了妥善安置国有企业富余职工，增强企业活力，提高企业经济效益，1993 年 4 月 20 日国务院令第 111 号发布了《国有企业富余职工安置规定》，该规定共 17 条，包含富余职工培训期间的待遇、职工放假、女职工放产假、退出工作岗位休养、职工辞职、生活的最低标准、企业裁减人员等问题。在这些条款中，有些是关于缴纳社会保险的规定，其中第 14 条规定，富余职工到社会待业，依法享受待业保险待遇。那么，国企改制过程中的某些争议是否属于劳动争议，需要具体分析是否是与用人单位因履行劳动合同发生的争议。

比如刘某泉等 11 人与内蒙古东部电力有限公司兴安电业局劳动争议一案[8]，该案中，劳动者经过仲裁、一审、二审、两次再审，后经最高人民检察院抗诉，最高人民法院再审，一波三折。该案对于认定企业改革时出现的哪些纠纷属于劳动争议，具有典型意义。最高人民法院认为，企业改革中与职工签订离岗退休协议并对工资待遇做了具体承诺的，后因工资事宜发生的纠纷属于劳动争议。离岗退养协议中就有贯彻执行国有企业改革政策性质的内容，这些方面的问题确实需要由有关部门按照企业改制的政策统筹解决；但也有用人单位和劳动者之间通过协议确定工资待遇的内容，如离岗退养职工享受普调性工资待遇的约定。工资是劳动合同的重要组成部分，确定工资标准的内容具有劳动合同的性质，当事人对于是否按照劳动合同约定支付了工资产生争议，应当属于人民法院管辖的民事案件。

此外，用人单位在改制的过程中，造成职工的人事档案丢失，进而导致职

---

〔8〕《最高人民法院公报》2015 年第 3 期，（2012）民抗字第 65 号。

工不能办理社会保险，用人单位应否对该损失进行赔偿，赔偿范围如何确定？法院认为，用人单位对其职工的人事档案负有保管义务，职工离职时人事档案未转出的，仍由用人单位负责保管该档案。而用人单位转制期间，职工的人事档案丢失，导致其不能办理社会保险或少领取养老保险金的，用人单位应当承担相应民事责任。又因用人单位已经转制，则其民事责任应当由分立后的单位承担，职工有权选择分立的全部单位承担或部分分立后的单位承担。

因用人单位未尽到保管义务致使职工的人事档案丢失，导致职工不能领取或少领取养老保险金的，用人单位应赔偿职工的实际经济损失。而职工自行购买工龄属于实际缴费年限，已经计算过养老保险待遇金额，丢失档案期间的工作时间则因人事档案丢失被归为视同缴费年限，故该段视同缴费年限造成职工养老保险待遇降低的，应由用人单位赔偿。[9]

（四）相关法条及司法解释

《最高人民法院关于审理劳动争议案件适用法律若干问题的解释（三）》

第二条　因企业自主进行改制引发的争议，人民法院应予受理。

---

[9]　国家法官学院、中国人民大学法学院编：《中国审判案例要览（2011 年民事审判案例卷）》，中国人民大学出版社 2013 年版。案号：（2010）雅民终字第 236 号。

第七章　工伤保险待遇纠纷

一、工伤保险待遇纠纷概述

工伤保险待遇纠纷，系劳动争议纠纷案由的一种，该类纠纷的主要矛盾点在于部分用人单位逃避为职工缴纳工伤保险，或者是对于工伤的认定不一致。工伤保险作为社会保障制度的一环，既可以保障职工的合法权益，也可以分散企业经营风险。根据《工伤保险条例》第二条，"中华人民共和国境内的企业、事业单位、社会团体、民办非企业单位、基金会、律师事务所、会计师事务所等组织和有雇工的个体工商户（以下称用人单位）应当依照本条例规定参加工伤保险，为本单位全部职工或者雇工（以下称职工）缴纳工伤保险费"，用人单位有义务为职工缴纳工伤保险费，在员工工伤时有工伤保险作为补偿。

在实践过程中，部分用人单位为了减少企业经营成本，往往不为员工办理工伤保险，缴纳工伤保险费。从工伤保险纠纷中用工主体为职工缴纳工伤保险的比例来看，用工主体逃避为职工缴纳工伤保险现象普遍存在，随机选取的100件民事、行政判决中，为职工缴纳工伤保险的用工单位只有8个，所占比例仅为8%。[1]

是否用人单位不履行缴纳工伤保险费义务，最终就只追究其不履行义务的责任，而不用进行工伤鉴定了呢？根据《工伤保险条例》规定，用人单位、工伤职工或其近亲属、工会组织可以在法定期间向社会保险行政部门提出工伤认定申请。需要明确的是，法院、仲裁机构是没有工伤认定权的。"司法机关按照

---

[1]　李青春、殷学琳：《破冰工伤保险纠纷的制度障碍——以100份民事、行政判决为实证分析》，载《法律适用》2017 年第 22 期。

行政诉讼程序规定的标准对工伤认定权进行审查，并非对工伤案件事实进行认定。"[2] 2012 年广东省高级人民法院、广东省劳动人事争议仲裁委《关于审理劳动人事争议案件若干问题的座谈会纪要》（粤高〔2012〕284 号文件）第 4 条规定："用人单位未为劳动者建立工伤保险关系，且用人单位及受到伤害或者被诊断、鉴定为职业病的劳动者或者其近亲属、工会组织均未在法定期间申请工伤认定，以致社会保险行政部门不受理工伤认定申请，劳动者或者其近亲属请求用人单位支付工伤保险待遇的，劳动人事仲裁机构或人民法院应驳回劳动者或者其近亲属的申请或起诉，并告知劳动者或者其近亲属可另行主张人身损害赔偿，但用人单位对构成工伤无异议的除外。"这项规定清楚地表明仲裁机构在劳动争议仲裁、法院在劳动争议民事诉讼中，均无权对工伤问题进行认定，且用人单位未为劳动者建立工伤保险并不影响工伤认定。

二、用人单位未为劳动者办理工伤保险，仍需承担工伤给付

部分用人单位在实践中出于种种考虑，会与劳动者协商，不为劳动者办理工伤保险转而办理商业保险，在商业保险赔付额不够时，劳资双方就会产生纠纷。《最高人民法院公报》2017 年第 12 期安某重、兰某姣诉深圳市水湾远洋渔业有限公司工伤保险待遇纠纷案就是一个典型的案例。

（一）典型案例

☞ **安某重、兰某姣诉深圳市水湾远洋渔业有限公司工伤保险待遇纠纷案**[3]
【关键词】商业保险　法定义务　补助金

┃基本案情┃

原告（二审被上诉人）：安某重、兰某姣；被告（二审上诉人）：深圳市水湾远洋渔业有限公司。

原告安某重和兰某姣诉称：2012 年 7 月，安某重和兰某姣之子安某卫在深圳市水湾远洋渔业有限公司（以下简称水湾公司）处任职，担任大管轮职务。

---

〔2〕曹艳春等：《工伤损害赔偿责任研究》，法律出版社 2011 年版，第 121—122 页。
〔3〕《最高人民法院公报》2017 年 12 期。

2013 年 8 月 5 日，安某卫工作的船舶"中洋 26"轮在法属波利尼西亚南方群岛拉帕岛附近海域遇险侧翻，包括安某卫在内的 8 名船员遇难。2015 年 3 月 16 日，深圳市人力资源和社会保障局认定安某卫遭受事故伤害情形属于工伤，依法应当享受工伤保险待遇。安某重和兰某姣作为安某卫的法定继承人，请求判令水湾公司支付拖欠安某卫的工资及奖金，以及丧葬补助金、供养亲属抚恤金、一次性工亡补助金等工伤保险待遇。

被告水湾公司辩称：水湾公司没有为安某卫办理工伤保险的责任不在水湾公司，而且安某卫生前与水湾公司约定以商业保险替代工伤保险。原告安某重和兰某姣已经拿到商业保险金 60 万元，无权再主张工伤保险赔偿金。

一审法院查明，2011 年 11 月，被告水湾公司与浙江鑫隆远洋渔业有限公司（以下简称鑫隆公司）签订委托招聘合同，约定：鑫隆公司为水湾公司名下"中洋 16"轮、"中洋 18"轮、"中洋 26"轮等 6 艘船舶招聘远洋船员，以鑫隆公司名义与应聘船员签订聘用合同，合同的权利义务由水湾公司享有和承担；鑫隆公司在与应聘船员签订聘用合同时应当口头向其披露委托方，经应聘船员无异议后方可签订聘用合同。

2012 年 7 月 8 日，安某卫与鑫隆公司签订大管轮聘用合同，合同约定：鑫隆公司招聘安某卫为远洋大管轮职务船员，聘用期限为两年半，自安某卫出境日 9 月 1 日起至安某卫所在船只抵境日或合同到期日止；鑫隆公司负责为安某卫投保人身意外险，如在聘用期内发生因工伤亡，按有关意外保险条款执行。

2012 年 8 月 22 日，被告水湾公司作为投保人，为包括安某卫在内的 48 名船员向中国人民财产保险股份有限公司深圳市分公司（以下简称人保公司）投保团体意外伤害保险，保障项目为额外身故、残疾、烧伤给付，每人保险金额为 60 万元，保险期间为 2012 年 8 月 23 日至 2013 年 8 月 22 日。水湾公司于投保当日缴纳了保费。

2012 年 9 月，安某卫等 14 名船员被派遣至"中洋 26"轮上进行远海捕鱼作业。2013 年 8 月 5 日 17：30，"中洋 26"轮在法属波利尼西亚南方群岛拉帕岛附近海域遇险侧翻。2014 年 1 月 16 日，安某卫被河南省栾川县人民法院宣告死亡。人保公司向原告安某重和兰某姣实际支付了安某卫身故赔偿金 60 万元。

2014 年 12 月 10 日，浙江省绍兴市越城区人民法院作出（2014）绍越民初字第 1799 号民事判决，确认鑫隆公司与安某卫签订聘用合同的行为属于隐名代理，鑫隆公司与安某卫签订的聘用合同直接约束水湾公司和安某卫，水湾公司与安某卫存在劳动关系。水湾公司对该判决结论予以认可。2015 年 3 月 16 日，深圳市人力资源和社会保障局认定安某卫于 2013 年 8 月 5 日因工外出在法属波利尼西亚南方群岛拉帕岛附近海域遇险，经法院判决宣告死亡属于工伤。

另查明：原告安某重是安某卫的父亲，原告兰某姣是安某卫的母亲。兰某姣持有栾川县残疾人联合会填发的残疾人证，记载残疾类别为肢体，残疾等级为 3 级。

| 裁判结果 | 一审法院判决：广州海事法院于 2015 年 10 月 8 日作出判决，（1）被告水湾公司向原告安某重、兰某姣支付安某卫的工资、奖金共计 26709.2 元；（2）水湾公司向安某重、兰某姣支付丧葬补助金、一次性工亡补助金共计 520808 元；（3）驳回安某重、兰某姣的其他诉讼请求。

水湾公司不服，向广东省高级人民法院提起上诉。

二审法院判决：驳回上诉，维持原判。

| 裁判依据 | 《工伤保险条例》第二条第一款规定："中华人民共和国境内的企业、事业单位、社会团体、民办非企业单位、基金会、律师事务所、会计师事务所等组织和有雇工的个体工商户（以下称用人单位）应当依照本条例规定参加工伤保险，为本单位全部职工或者雇工（以下称职工）缴纳工伤保险费。"根据该规定，为职工缴纳工伤保险费是水湾公司的法定义务，该法定义务不得通过任何形式予以免除或变相免除。《工伤保险条例》第六十二条第二款又进一步规定："依照本条例规定应当参加工伤保险而未参加工伤保险的用人单位职工发生工伤的，由该用人单位按照本条例规定的工伤保险待遇项目和标准支付费用。"在上诉人水湾公司未为安某卫缴纳工伤保险费的情况下，水湾公司应向安某卫的父母被上诉人安某重和兰某姣支付工伤保险待遇。水湾公司为安某卫购买的商业性意外伤害保险，性质是水湾公司为安某卫提供的一种福利待遇，不能免除水湾公司作为用人单位负有的法定的缴纳工伤保险费的义务或支付工伤保险待遇的义务。

此外，法律及司法解释并不禁止受工伤的职工或其家属获得双重赔偿。《最高人民法院关于审理工伤保险行政案件若干问题的规定》第八条第一款规定："职工因第三人的原因受到伤害，社会保险行政部门以职工或者其近亲属已经对第三人提起民事诉讼或者获得民事赔偿为由，作出不予受理工伤认定申请或者不予认定工伤决定的，人民法院不予支持。"第三款规定："职工因第三人的原因导致工伤，社会保险经办机构以职工或者其近亲属已经对第三人提起民事诉讼为由，拒绝支付工伤保险待遇的，人民法院不予支持，但第三人已经支付的医疗费用除外。"由此可见，上述规定并不禁止受工伤的职工同时获得民事赔偿和工伤保险待遇赔偿。上诉人水湾公司称被上诉人安某重和兰某姣同时获得保险金和工伤保险待遇属一事二赔、违反公平原则，没有法律依据，不予支持。一审法院判决水湾公司向安某重和兰某姣支付工伤保险待遇正确，予以维持。

（二）裁判旨要

用人单位为职工购买商业性人身意外伤害保险的，不因此免除其为职工购买工伤保险的法定义务。职工获得用人单位为其购买的人身意外伤害保险赔付后，仍然有权向用人单位主张工伤保险待遇。

（三）律师评析

1. 为员工购买工伤保险是用人单位应尽的义务，该义务不因用人单位与职工之间的协议而免除

本案中用人单位选择了要求劳动者签署带有自愿放弃工伤保险，而以商业保险代替工伤保险的劳动合同。对于本案被告水湾公司来说，该方案是应对船员流动性的一种简单处理方式，但根据《工伤保险条例》第六十二条第二款规定，用人单位为劳动者缴纳工伤保险是法定义务，不能通过当事人合意这种方式免除用人单位的法律义务。

根据《广东省工伤保险条例》规定，用人单位未依法缴纳工伤保险费，发生工伤事故的，由用人单位支付工伤保险待遇。在用人单位不履行工伤保险缴纳义务时，原本由社会保险体系承担的工伤保险待遇由用人单位承担，最大限度地保护劳动者的权益。

2. 工伤保险具有损失补偿性，工伤造成的损害若未完全填补，则可继续要求未履行缴纳工伤保险义务的用人单位支付工伤保险待遇

商业保险本身作为风险防控的一环，对于被保险人可能受到的人身、财产损害进行射幸性质的赔偿。根据《最高人民法院关于审理工伤保险行政案件若干问题的规定》第八条的规定，工伤保险待遇与商业保险赔偿、第三人的民事赔偿是可以共存的，但是赔偿总额应当以劳动者所受损害的总额为限。即劳动者在劳动过程中遭受损害时，若第三人补偿与商业保险无法完全弥补受害人损害，遭遇事故的劳动者依然可以享有工伤保险待遇。反之，若第三人的赔偿或

商业保险赔偿等救济途径已经完全能覆盖劳动者损失时，遭遇事故的劳动者则不能再享有工伤保险待遇。

综上所述，用人单位有缴纳工伤保险的义务，但是没有缴纳商业保险的义务，因此本案法院将用人单位缴纳商业保险的行为定义为福利待遇是恰当的。商业保险相比于工伤保险来说，人身属性更强，不受劳动关系制约，通常保险赔偿金也更高，因此用人单位觉得用商业保险替代工伤保险是单位更加在乎员工利益的表现，忽略了单位本身具有缴纳工伤保险的法定义务，从而导致违法。因此，用人单位应当注重经营过程中的规范化，防止出现"好心办坏事"的违法违规行为。

3. 劳动关系的确认应当结合实际情况，而不完全以劳动合同中甲乙双方名义确认，应着眼于实际上的权利义务承担

本案中，用人单位水湾公司没有与遭遇事故的员工安某卫签订劳动合同，而是由案外人鑫隆公司与劳动者签订合同，因此水湾公司主张安某卫与其不存在劳动关系，意图通过从根本上否定与劳动者存在劳动关系而否定自己具有缴纳工伤保险费用的义务。

双方确认劳动关系的案件已经另案处理，因此不在本书中具体分析。法院认定鑫隆公司与安某卫签订劳动合同的关系属于隐名代理，认定水湾公司与安某卫之间存在劳动关系。所谓隐名代理，指在代理关系中，被代理人隐名，直接由代理人与客户签订合同。本案中被代理人水湾公司隐名，由代理人鑫隆公司与安某卫签订合同，实际上的权利义务关系存在于水湾公司与安某卫之间。因此，劳动关系的确认应当结合实际情况认定。

（四）相关法条及司法解释

《中华人民共和国劳动合同法》

第三十条　用人单位应当按照劳动合同约定和国家规定，向劳动者及时足额支付劳动报酬。

用人单位拖欠或者未足额支付劳动报酬的，劳动者可以依法向当地人民法院申请支付令，人民法院应当依法发出支付令。

《中华人民共和国工伤保险条例》

第六十二条　用人单位依照本条例规定应当参加工伤保险而未参加的，由社会保险行政部门责令限期参加，补缴应当缴纳的工伤保险费，并自欠缴之日

起，按日加收万分之五的滞纳金；逾期仍不缴纳的，处欠缴数额 1 倍以上 3 倍以下的罚款。

依照本条例规定应当参加工伤保险而未参加工伤保险的用人单位职工发生工伤的，由该用人单位按照本条例规定的工伤保险待遇项目和标准支付费用。

用人单位参加工伤保险并补缴应当缴纳的工伤保险费、滞纳金后，由工伤保险基金和用人单位依照本条例的规定支付新发生的费用。

《广东省工伤保险条例》

四十一条　职工所在用人单位未依法缴纳工伤保险费，发生工伤事故的，由用人单位支付工伤保险待遇。

用人单位不支付工伤保险待遇，工伤职工或者其近亲属可以提出先行支付的申请，经审核符合规定的，从工伤保险基金中先行支付工伤保险待遇项目中应当由工伤保险基金支付的项目。

从工伤保险基金中先行支付的工伤保险待遇应当由用人单位偿还。用人单位不偿还的，由社会保险经办机构依法向用人单位追偿。

五十五条　用人单位依照本条例规定应当参加工伤保险而未参加或者未按时缴纳工伤保险费，职工发生工伤的，由该用人单位按照本条例规定的工伤保险待遇项目和标准向职工支付费用。

《最高人民法院关于审理工伤保险行政案件若干问题的规定》

第八条　职工因第三人的原因受到伤害，社会保险行政部门以职工或者其近亲属已经对第三人提起民事诉讼或者获得民事赔偿为由，作出不予受理工伤认定申请或者不予认定工伤决定的，人民法院不予支持。

职工因第三人的原因受到伤害，社会保险行政部门已经作出工伤认定，职工或者其近亲属未对第三人提起民事诉讼或者尚未获得民事赔偿，起诉要求社会保险经办机构支付工伤保险待遇的，人民法院应予支持。

职工因第三人的原因导致工伤，社会保险经办机构以职工或者其近亲属已经对第三人提起民事诉讼为由，拒绝支付工伤保险待遇的，人民法院不予支持，但第三人已经支付的医疗费用除外。

第八章 医疗保险待遇纠纷

一、医疗保险待遇纠纷概述

在保险实务界，医疗保险是对诸多承保医疗危险的保险商品的综合称谓，学理以及法律规范层面对医疗保险的界定并不相同。学理上的医疗保险有广义和狭义之分。狭义的医疗保险是指被保险人在遭受疾病、分娩或工伤事故发生医疗费用支出时，由国家或社会为其提供医疗费用补偿的制度。广义的医疗保险不仅包括直接医疗费用支出，而且对因疾病、分娩导致残疾而失去劳动能力、收入减少等给予补偿，包括残疾经济补偿、护理经济补偿和疾病预防经济补偿等。[1] 中国银行保险监督管理委员会对医疗保险给出的定义是，以保险合同约定的医疗行为发生为给付保险金条件，按约定对被保险人接受诊疗期间的医疗费用支出提供保障的健康保险。[2] 在医疗保险实务中，医疗保险包括社会医疗保险和商业医疗保险两种类型。

基本医疗保险制度是我国社会保险制度的重要组成部分，关系到公民生命健康权保障，是健康中国建设的核心制度安排。[3] 我国现行的医疗保险制度与养老保险制度一样，也是在从计划经济向市场经济转型的过程中逐步演变而来的。2010 年出台的《社会保险法》将职工基本医疗保险、新型农村合作医疗和城镇居民基本医疗保险上升为法律，标志着我国医疗保险改革开始步入法制轨道。《社会保险法》（2018 年修正）规定，职工应当参加职工基本医疗保险，由

---

〔1〕 曹晓兰：《我国商业医疗保险可持续发展研究》，浙江大学出版社 2009 年版，第 1 页。

〔2〕 《人身保险公司保险条款和保险费率管理办法》（2015 年修订）第 11 条。

〔3〕 参见杨思斌：《我国基本医疗保险法治化的困境与出路》，载《安徽师范大学学报（人文社会科学版）》2019 年第 4 期。

用人单位和职工按照国家规定共同缴纳基本医疗保险费。无雇工的个体工商户、未在用人单位参加职工基本医疗保险的非全日制从业人员以及其他灵活就业人员可以参加职工基本医疗保险，由个人按照国家规定缴纳基本医疗保险费。国家建立和完善新型农村合作医疗制度。新型农村合作医疗的管理办法，由国务院规定。职工基本医疗保险、新型农村合作医疗和城镇居民基本医疗保险的待遇标准按照国家规定执行。医疗费用依法应当由第三人负担，第三人不支付或者无法确定第三人的，由基本医疗保险基金先行支付。基本医疗保险基金先行支付后，有权向第三人追偿。

学者将医疗保险给付保险金的原因归结为两类：内生性危险——疾病造成的医疗费支出；外发性危险——意外伤害造成的医疗费支出。前一危险发生的保险金请求权常常与社会保障体系中的医疗保险竞合，涉及应否在商业医疗保险中扣除社会医疗保险的保险金的问题。意外伤害保险合同中约定保险金的给付要求扣除社会基本医疗保险或任何第三方已经补偿或给付的金额，其他类型的医疗保险对此均未作明确规定。后一危险如由第三人造成，保险金请求权与向第三人损害赔偿请求权竞合，对于保险人给付保险金后能否取得向第三人的代位权，保险合同中未加规定。[4] 据此，结合保险实践及司法实践，医疗保险待遇纠纷则主要集中在保险金给付、赔偿标准、医疗保险中保险人代位求偿权等。

二、新型农村合作医疗保险报销与城镇职工医疗保险报销的关系

（一）典型案例

☞ **咸阳康美特陶瓷有限公司诉张某莲医疗保险待遇纠纷案**[5]

【关键词】医疗保险　待遇重合

| 基本案情 |

原告（二审上诉人、再审被申请人）：咸阳康美特陶瓷有限公司；被告（二审被上诉人、再审申请人）：张某莲。

------

〔4〕潘红艳：《医疗保险法律适用问题探究》，载《法学杂志》2018年第2期，第89页。

〔5〕（2012）三民初字第00841号；（2013）咸民终字第00243号；（2014）陕民一申字第00098号。

原告咸阳康美特陶瓷有限公司（以下简称康美特公司）从事陶瓷生产及销售，被告之夫常某生前系三原县西阳镇西南村三组村民，并参与了农村合作医疗保险。2011年经证人管义峰介绍，常某进入原告处从事保安工作，每月工资1000元，工作时间为每天8小时，工作地点为原告门房，具体工作由保卫科科长管义峰负责安排，保卫科隶属于原告办公室。每月28日左右常某持身份证在原告财务处统一领取自己的工资。常某到原告处工作后，并未与原告签订书面劳动合同，原告亦未为常某办理相关社会保险。2011年12月1日，常某在工作中突发疾病，先后被送往三原县人民医院、中铁二十局中心医院、中国人民解放军第四军医大学唐都医院治疗，被诊断为脑出血，共计住院53天。最终因医治无效，于2012年1月24日病逝。在此期间，共花去医疗费130546元。住院期间，原告给付常某医疗费3000元。事后，被告通过三原县新型农村合作医疗（以下简称新农合）经办中心报销常某的医疗费70000余元。此后，双方就常某的医疗费承担问题发生纠纷，被告遂向三原县劳动争议仲裁委员会申请仲裁，要求原告支付常某的13.5万元医疗费中属于城镇职工医疗保险应报销的费用，以及丧葬费3500元，住院期间的工资1815元。经仲裁委审理认为，原告与被告之夫常某之间构成劳动关系，原告未给常某缴纳社会保险费，应承担常某按照城镇职工医疗保险待遇报销医疗费的相关费用。经三原县医疗保险基金管理中心核算，于2012年5月2日，仲裁委员会作出裁决：由原告支付被告医疗费95417元，对被告的其他请求不予支持。原告不服仲裁裁决，遂诉至法院。

原审法院认为，被告之夫常某属于在原告处工作期间发病。常某从2011年9月开始到原告处担任保安，并根据原告办公室的安排从事安全保卫等工作，原告逐月按时向常某发放劳动报酬。同时，原告具备用人单位资格，被告虽系村民身份，亦符合劳动者的条件，虽然原、被告之间没有签订书面劳动合同，但双方已经形成事实劳动关系。原告诉称，其公司的入职须知提及，对于聘用的50周岁以上的人，只是临时聘用，双方仅建立劳务关系，不构成劳动关系的观点，与事实不符，法院不予支持。我国《劳动法》第三条规定，劳动者享有享受社会保险和福利的权利。《劳动法》第七十二条规定，用人单位和劳动者必须依法参加社会保险，缴纳社会保险费。社会保险中应包含医疗保险。原告与常某建立劳动关系后，理应依法为常某办理社会保险。但原告未给常某办理社会保险，造成被告在常某患病死亡后本可报支的费用无法报支，理应予以赔偿，赔偿数额应以三原县医疗保险基金管理中心，按照城镇职工医疗保险待遇报销医疗费的核算数额为准（95417元），但应扣除原告已给付的3000元。关于被告事后通过三原县新农合经办中心报销的部分医疗费一节，因新农合是基于被告之夫系农村村民的身份而形成的一种社保待遇，与原告基于企业的责任并不冲突，不能因两种待遇的重合而理所当然地予以相互抵减，以此来免除企业本应承担的责任，至于被告之夫的医疗费是否符合新农合的报销范围，属于另一法律关系，本案不予论处，相关社保部门可依照相关法律规定自愿行使追偿权。关于被告要求原告承担其夫住院期间的工资及丧葬费的要求，因其在仲裁裁决书送达后未在法定期限内向法院起诉，对裁决未提出异议，法院对此请求不予支持。

│裁判结果│ 一审判决：（1）原告咸阳康美特陶瓷有限公司于本判决生效后十日内支付被告张某莲其夫常某的医疗费 92417 元（95417－3000＝92417）；（2）驳回原告的诉讼请求；（3）驳回被告张某莲的其他请求。诉讼费 1500 元，由原告承担。

原告咸阳康美特陶瓷有限公司不服三原县人民法院（2012）三民初字第 00841 号民事判决，向陕西省咸阳市中级人民法院提起上诉。

二审裁判结果：（1）维持原判第二、二条；（2）变更原判第一条，即"原告咸阳康美特陶瓷有限公司于本判决生效后十日内支付被告张某莲其夫常某的医疗费 92417 元"为：原告咸阳康美特陶瓷有限公司于本判决生效后十日内支付被告张某莲其夫常某的医疗费 17705.36 元。一审案件受理费 1500 元，二审案件受理费 1550 元，共计 3050 元，由上诉人咸阳康美特陶瓷有限公司承担 585 元，由被上诉人承担 2465 元。

张某莲因与被申请人咸阳康美特陶瓷有限公司社会保险纠纷一案，不服咸阳市中级人民法院（2013）咸民终字第 00243 号民事判决书，向陕西省高级人民法院申请再审。

再审裁判结果：驳回张某莲的再审申请。

│裁判依据│ 二审法院认为，本案中劳动者已经办理了新农合保险，其医疗费已经新农合保险报销。按照相关法律规定，个人只能享受一份社会保险，不得在参加新农合保险的同时再参加城镇职工医疗保险，且不得重复享受待遇。据此，本案应当对劳动者的实际损失进行赔偿，即对经新农合保险报销后不能达到城镇职工医疗保险报销标准的差额部分由用人单位进行赔偿。原审法院判决用人单位按照城镇职工医疗保险的报销金额支付劳动者医疗费，相关社保部门可依照相关法律规定自愿行使追偿权的判决，于法无据，应予纠正。

再审法院认为，关于张某莲主张的二审改变争议焦点问题，康美特公司上诉状显示，其未请求认定双方是否存在劳动关系。二审庭审笔录载明，法庭归纳争议焦点为被上诉人能否在享受城镇职工医保的同时还享受新农合医保，双方均无异议。即康美特公司已认可一审判决双方存在劳动关系，二审中双方未就此形成争议焦点，二审归纳的争议焦点经双方明确表示同意，庭审中也并未改变。另据最高人民法院《民事案件案由规定》，社会保险纠纷属劳动争议的分项，根据本案事实，二审认定双方为社会保险纠纷正确。

关于张某莲主张的二审在无法律依据的情况下判决由案外人新农合机构替被申请人承担责任问题，一审判决表述为，"被告之夫的医疗费是否符合新农合的报销范围，属于另一法律关系，本案不予论处，相关社保部门可依照相关法律规定自愿行使追偿权"；二审判决表述为，"原审法院判决用人单位按照城镇职工医疗保险的报销金额支付劳动者医疗费，相关社保部门可依照相关法律规定自愿行使追偿权的判决，于法无据，应予纠正"。申请人是在诉讼前自行到新农合办理报销手续，在此事实基础上，二审认为个人不得重复享受医保报销待遇，将一审判决康美特公司全额支付城镇职工医保报销标准变更为支付城镇职工医保与已报销的新农合医保之差额。一、二审均未对新农合机构作出实体权利义务处置。

（二）裁判旨要

本案系用人单位未给劳动者办理职工医疗保险，致劳动者所花医疗费用不能按照职工医保的标准进行报销，给劳动者造成经济损失的民事诉讼案件。本案中劳动者为农业人口，并在其户籍所在地参加了新农合，在其住院治疗期间其医疗费已经新农合报销。根据相关政策规定，劳动者不得重复享受社会医疗保险待遇。本案应当对劳动者因不能享受职工医保待遇所遭受的实际损失进行赔偿，即对经新农合报销后不能达到职工医保报销标准的差额部分由用人单位进行赔偿。

（三）律师评价

社会保险是指国家为了预防和分担社会成员年老、失业、疾病以及死亡等社会风险，实现社会安全而强制社会多数成员参加的、具有所得重分配功能的非营利性的社会安全制度，是国家强制保险。我国的社会保险项目包括养老保险、医疗保险、失业保险、工伤保险等，依法为劳动者办理社会保险是用人单位的法定义务。依法缴纳社会保险费关系个人、单位和社会三方利益。《社会保险法》第四条规定："中华人民共和国境内的用人单位和个人依法缴纳社会保险费，有权查询缴费记录、个人权益记录，要求社会保险经办机构提供社会保险咨询等相关服务。个人依法享受社会保险待遇，有权监督本单位为其缴费情况。"如果用人单位没有为劳动者缴纳社会保险费，将会承担相应的法律后果。

用人单位应当自用工之日起为劳动者缴纳社会保险费，不能以意外伤害险代替工伤保险，更不能以第三方机构名义代缴社会保险。《社会保险法》第五十八条第一款规定："用人单位应当自用工之日起三十日内为其职工向社会保险经办机构申请办理社会保险登记。未办理社会保险登记的，由社会保险经办机构核定其应当缴纳的社会保险费。"为劳动者缴纳社会保险费是法律对用人单位的强制性规定。按照《劳动合同法》第三十八条第（三）项的规定，用人单位未依法为劳动者缴纳社会保险费的，劳动者可以解除劳动合同。按照《劳动合同法》第四十六条第（一）项规定，用人单位未依法为劳动者缴纳社会保险费的，劳动者可以解除劳动合同，用人单位应当向劳动者支付经济补偿。

对于"劳动者自愿放弃缴纳社保费，后以未缴纳社保费为由解除劳动合同并主张经济补偿"问题的处理，司法实践基本趋同，认为我国《劳动合同法》的目的在于规制用人单位因主观恶意而不缴纳社会保险费等有悖诚信的行为。用人单位虽存在未为劳动者缴纳社会保险费的情形，但劳动者自愿放弃或者书写无须用人单位缴纳社会保险费的承诺，不能认定用人单位存在不缴纳社会保险费的恶意，劳动者据此为由主张解除劳动关系并要求支付经济补偿的，依据不足，不予支持。然而，若劳动者通过协议等形式自愿放弃社会保险待遇，但该协议违反《社会保险法》的强制性规范的，应属无效，用人单位可能依然要承担其他风险。

《社会保险法》规定，劳动者应当参加职工基本医疗保险，由用人单位和职工按照国家规定共同缴纳基本医疗保险费。劳动者有权利享受医疗待遇。《劳动法》第七十三条第一款规定："劳动者在下列情形下，依法享受社会保险待遇：（一）退休；（二）患病、负伤；（三）因工伤残或者患职业病；（四）失业；（五）生育。"用人单位不按照规定为劳动者缴纳包括基本医疗保险费在内的社会保险费，导致基本医疗保险基金未能按照规定划入个人账户，以致劳动者生病发生的符合基本医疗保险药品目录、诊疗项目、医疗服务设施标准以及急诊、抢救的医疗费用无法从基本医疗保险基金中获得支付，无法享受相关的医疗保险待遇的，由此造成的医疗损失应由用人单位承担。

（四）相关法条及司法解释

《中华人民共和国劳动法》

第三条　劳动者享有平等就业和选择职业的权利、取得劳动报酬的权利、休息休假的权利、获得劳动安全卫生保护的权利、接受职业技能培训的权利、享受社会保险和福利的权利、提请劳动争议处理的权利以及法律规定的其他劳动权利。

劳动者应当完成劳动任务，提高职业技能，执行劳动安全卫生规程，遵守劳动纪律和职业道德。

第七十二条　社会保险基金按照保险类型确定资金来源，逐步实行社会统筹。用人单位和劳动者必须依法参加社会保险，缴纳社会保险费。

《中华人民共和国劳动合同法》

第二条　中华人民共和国境内的企业、个体经济组织、民办非企业单位等组织（以下称用人单位）与劳动者建立劳动关系，订立、履行、变更、解除或者终止劳动合同，适用本法。

第七条　用人单位自用工之日起即与劳动者建立劳动关系。用人单位应当建立职工名册备查。

《中华人民共和国社会保险法》

第二十三条　职工应当参加职工基本医疗保险，由用人单位和职工按照国家规定共同缴纳基本医疗保险费。

无雇工的个体工商户、未在用人单位参加职工基本医疗保险的非全日制从业人员以及其他灵活就业人员可以参加职工基本医疗保险，由个人按照国家规定缴纳基本医疗保险费。

第二十九条　参保人员医疗费用中应当由基本医疗保险基金支付的部分，由社会保险经办机构与医疗机构、药品经营单位直接结算。

社会保险行政部门和卫生行政部门应当建立异地就医医疗费用结算制度，方便参保人员享受基本医疗保险待遇。

第九十五条　进城务工的农村居民依照本法规定参加社会保险。

三、社会医疗保险垫付的医疗费不应在损害赔偿中扣减

（一）典型案例

☞ 姚某、吴某洁与某医院医疗保险待遇纠纷案[6]

【关键词】医疗费　扣减

- -

| 基本案情 |

原告：姚某、吴某洁；被告：某医院。

姚某系吴某之妻，吴某洁系吴某与姚某之女。吴某的父母均已去世。

2009 年 8 月 5 日 16 时许，吴某因血尿至被告某医院急诊外科就诊，被告给予立止血 1ku、拉氧头孢 1g 静点治疗，输入过程中吴某无不良反应。当日 19 时许，吴某突发持续性胸痛、出汗等症状，送急诊抢救室急救。经相关科室会诊，诊断为急性心肌梗死、高血压病 3 级、慢性肾功能衰竭、陈旧性脑出血、痛风、血尿等疾病。治疗期间发现吴某还存在心功能不全，右肾占位，结石，肺感染等疾患。8 月 10 日，吴某转入 EICU 继续治疗，在此期间病情反复加重，经抢救缓解。8 月 28 日 22：40 病情再次恶化，经抢救无效死亡。姚某、吴某洁（以下简称二原告）认为被告对吴某的诊疗存在如未询问过往病史、使用冠心病禁忌药物、心内科未予以收治等严重过错，故诉至法院要求判令被告赔偿吴某治疗期间支出的医疗费 94905.43 元及其他相关损失。

案件审理过程中，依据被告的申请，法院依法委托北京市朝阳区医学会对本案进行医疗事故鉴定。北京市朝阳区医学会于 2011 年 3 月 1 日作出医疗事故技术鉴定书，结论为：本病例不构成医疗事故。二原告对该鉴定结论不予认可。后依二原告申请，法院委托北京市红十字会急诊抢救中心司法鉴定中心对本案进行司法鉴定。北京市红十字会急诊抢救中心司法鉴定中心于 2011 年 6 月 25 日作出了法医学鉴定意见书，鉴定意见为：某医院在对吴某的医疗行为中存在过错，具有轻微责任，其过错参与度建议为 10%。双方对该鉴定报告的真实性没有异议。

_____

[6]　(2010) 朝民初字第 21044 号；(2011) 二中民终字第 22063 号。

庭审中，关于医药费 94905.43 元的诉讼请求，二原告向法院提交了门诊收费专用收据 1 张、住院费用汇总清单 2 张、中国建设银行持卡人存根 23 张。被告对上述证据的真实性没有异议，但不认可关联性。二原告还向法院提交了国电大武口发电厂社会保险管理办公室于 2011 年 7 月 27 日出具的证明，欲证明其报销的数额。该证明记载："吴某原系我厂职工，于 2009 年 8 月病逝，最后一次住院治疗发票金额为 93336.74 元，统筹报销 81140.02 元，个人账户支出 8454.59 元，现金自付 3742.13 元。"被告对该证明的真实性予以认可，但认为吴某单位统筹报销的医疗费部分不应再予以赔偿，其应按照个人账户支出及现金自付之和的 10% 承担医疗费的赔偿责任。

二原告诉称：被告对吴某的诊疗存在严重过错，如未询问过往病史、使用冠心病禁忌药物、心内科未予以收治等。二原告要求被告赔偿医疗费 94905.43 元，护理费 2160 元，住院伙食补助费 1200 元，交通费 1000 元，丧葬费 22357.50 元，死亡赔偿金 534760 元，亲属办理丧葬事宜支出的交通费、住宿费和误工费等损失共计 15000 元，精神损害抚慰金 20 万元。

被告辩称：二原告所述诊疗过程与事实不符。2009 年 8 月 5 日，吴某到本院就诊，医生在详细询问后进行小幅治疗，并嘱咐其至泌尿外科进一步检查，后经医生会诊，发现吴某患有急性心肌梗死，留院观察期间发现吴某还有其他病史。2009 年 8 月 28 日，吴某死亡，死亡原因为多种。二原告主张的医疗费，对于吴某单位统筹报销的医疗费部分不应再予以赔偿，被告应按照个人账户支出及现金自付之和的 10% 承担医疗费的赔偿责任。

▌裁判结果▌ 一审法院就医疗费部分判决如下：被告某医院于本判决生效后七日内赔偿原告姚某、吴某洁医药费 9333.67 元。

宣判后，二原告不服一审判决，提起上诉。此后，二原告又自行撤回了上诉。

▌裁判依据▌ 一审法院经审理认为，医疗机构承担医疗侵权损害赔偿责任的前提条件是其医疗行为存在过错并与患者的损害后果有因果关系。本案中，虽然被告对吴某使用立止血的方法及数量适当，但用药过猛，未尽到必要的注意义务，存在一定过错，被告应承担相应的民事赔偿责任。因相关鉴定结论确认被告存在过错，具有轻微责任，建议过错参与度为 10%，故法院根据现有证据及本案的实际情况，依法确定被告承担民事赔偿责任的比例为 10%。关于二原告主张医疗费的诉讼请求，因二原告未能提供足额医疗费用的票据用以佐证其主张的医疗费数额，故法院将根据患者生前单位即国电大武口发电厂社会保险管理办公室出具的证明载明的住院治疗发票金额，核定吴某治疗期间实际支出医疗费为 93336.74 元。关于被告赔偿二原告医疗费的计算基数问题，吴某所在单位虽基于医疗保险关系为其报销部分医疗费，但因该报销行为与被告基于侵权行为承担的民事赔偿责任并非同一法律关系，故该单位报销的医疗费不应在被告应予以赔偿的医疗费计算基数中予以扣除，但法院有义务将本案处理结果告知吴某所属单位。

（二）裁判旨要

被侵权人与侵权人、患者与社保部门建立的是不同的法律关系，两者并不存在竞合，将社保医疗保险机构支付的医疗费在医疗损害赔偿中予以扣除，有违侵权责任法及社会保险法之立法本意。追偿制度缺失致社会保险基金大量流失问题应予重视，人民法院应该将生效判决的内容告知社会保险机构，以便于社会保险机构掌握相关信息从而灵活行使追偿权。

（三）律师评析

对于在治疗期间通过社会医疗保险报销的部分医疗费是否属于侵权责任人应当赔偿的范围，在审判实践中有颇多争议，不同法院对此问题的处理结果亦不尽相同。

第一种意见认为：该医疗费应当予以核减。因为人身损害赔偿是赔偿受害人的损失，具有填补性质，吴某治疗过程中的一部分医药费从医保中得到报销，已减轻了受害人的损失，已减轻部分不能再要求被告承担，否则受害人将得到双重赔偿，与填补性相悖。

第二种意见认为：该医疗费不能予以核减。因为吴某在治疗期间报销医疗费系基于吴某与社会医疗保险承保单位之间存在社会保险关系而发生，此种法律关系与基于侵权所致的赔偿责任不属于同种债务，彼此不发生竞合，在确定被告赔偿医疗费数额时，不应将该部分予以核减。假如将吴某治疗期间社会医疗保险报销的部分医疗费予以核减的话，客观上就会减轻被告依法应承担的赔偿责任，进而导致侵权人行为的后果与受到的责任追究不相符。

律师原则上赞同第二种意见，但认为第二种处理意见并未准确区分商业医疗保险和社会医疗保险，法院就医疗损害责任案件涉及的后续的社会保险机构的追缴问题应在民事判决文书中进行必要提示，以明确各方权责。具体理由如下：

1. 将社保医疗保险的医疗费在医疗损害赔偿中予以扣除，有违侵权责任法及社会保险法立法本意，将产生不良的社会效果

在现实生活中，医疗机构的侵权责任往往需要在诉讼中予以判定，而患者在前期治疗过程中采用社保方式支付医疗费用符合常理，如人为将社保支付的医疗费在侵权责任的赔偿范围中予以扣除，则会产生严重的负面社会效果。一方面侵权人赔偿责任减轻，致使民事判决的社会行为指引效果失去意义；另一方面加重了国家财政的负担，因为社会医疗保险属于国家福利性质，侵权人因为自己过错导致国家财政额外支出，与立法本意严重相违。

2. 被侵权人与侵权人、患者与社保部门建立的是不同的法律关系，两者并不存在竞合

在医疗损害责任纠纷案件中，被侵权人基于医院的侵权行为向医院主张赔偿医疗费属于侵权责任法调整的范畴，而患者治疗期间基于其与社保部门存在医疗保险关系而报销医疗费属于社会保险法调整的范畴，二者分属不同部门法，系从不同角度对同一法律事实作出规制，具有不同的立法目的。就前者而言，其目的在于保护民事主体的合法权益，明确侵权责任，预防并制裁侵权行为，促进社会和谐稳定。就后者而言，其目的在于保障劳动者在年老、失业、患病、工伤、生育等情况下获得帮助和补偿，是社会福利制度的一部分。二者在效力上不存在竞合冲突。

3. 社会医疗保险不适用损益相抵原则

损益相抵，又称为损益同销，是指受害人基于损害发生的同一原因而获得利益时，应将所受利益从所受损害中扣除，以确定损害赔偿范围。我国《民法典》及相关司法解释均没有规定损益相抵原则，但基于诚实信用原则和公平原则，在司法实务中应承认此原则。通说认为，损益相抵原则构成要件为：损害赔偿之债成立，受害人受有利益，须有构成损害赔偿之债的损害事实与所得利益之间的因果关系。就本案而言，吴某基于社会医疗保险关系报销医疗费不适用损益相抵原则，社会保险机构对于医疗保险的支付与本案的侵权损害赔偿金的支付分别基于不同的法律关系，二者之间不是同一原因，吴某的损害与其在社会保险机构所得的利益之间没有较大的因果关系，不符合损益相抵的原则。

4. 在追偿权方面，社会医疗保险和商业医疗保险有显著不同

《中华人民共和国保险法》第四十六条规定："被保险人因第三者的行为而发生死亡、伤残或者疾病等保险事故的，保险人向被保险人或者受益人给付保险金后，不享有向第三者追偿的权利，但被保险人或者受益人仍有权向第三者请求赔偿。"而《社会保险法》第三十条规定："下列医疗费用不纳入基本医疗保险基金支付范围：（一）应当从工伤保险基金中支付的；（二）应当由第三人负担的；（三）应当由公共卫生负担的；（四）在境外就医的。医疗费用依法应当由第三人负担，第三人不支付或者无法确定第三人的，由基本医疗保险基金先行支付。基本医疗保险基金先行支付后，有权向第三人追偿。"依据上述法律规定，在商业保险范畴内，被保险人可以获得双倍赔偿，但在社会保险范畴内，被保险人并不能因保险关系而获得双倍赔付。在社会保险机构未行使追偿权的情况下，受害人的损害赔偿请求权不因其已获得医疗保险支付而消灭，受害人仍得以自己名义请求侵害人支付全额医疗费。

5. 追偿制度缺失致社会保险基金大量流失问题应予重视，人民法院应该将生效判决的内容告知社会保险机构

根据《社会保险法》第四十一条第二款和第四十二条的规定，社会保险基金对向参保人员先行垫付的应由第三人负担的医疗费用，享有追偿权。但实践中，由于社会保险基金追偿制度的缺失，并无社会保险机构向侵权人（本应负担医疗费用的第三人）行使追偿权，造成国家社会保险基金流失。在现有司法实践与社会保险法所载追偿权无明晰衔接制度的情况下，人民法院应与政府有关部门建立涉社保基金垫付费用案件审理信息共享制度，由法院定期向社保部门通报涉社保基金垫付费用案件审理情况，同时将法院相关判决书副本送政府主管部门，便于政府有关部门掌握相关信息，灵活行使追偿权。

（四）相关法条及司法解释

《中华人民共和国社会保险法》

第三十条　下列医疗费用不纳入基本医疗保险基金支付范围：

（一）应当从工伤保险基金中支付的；

（二）应当由第三人负担的；

（三）应当由公共卫生负担的；

（四）在境外就医的。

医疗费用依法应当由第三人负担，第三人不支付或者无法确定第三人的，由基本医疗保险基金先行支付。基本医疗保险基金先行支付后，有权向第三人追偿。

《最高人民法院关于适用〈中华人民共和国保险法〉若干问题的解释（三）》

第十八条 保险人给付费用补偿型的医疗费用保险金时，主张扣减被保险人从公费医疗或者社会医疗保险取得的赔偿金额的，应当证明该保险产品在厘定医疗费用保险费率时已经将公费医疗或者社会医疗保险部分相应扣除，并按照扣减后的标准收取保险费。

第九章　生育保险待遇纠纷

一、生育保险待遇纠纷概述

生育保险是国家通过社会保险立法，对生育职工给予经济、物质等方面帮助的一项社会政策。其宗旨在于通过向生育女职工提供生育津贴、产假以及医疗服务等方面的待遇，保障她们因生育而暂时丧失劳动能力时的基本经济收入和医疗保健，帮助生育女职工恢复劳动能力，重返工作岗位，从而体现国家和社会对妇女在这一特殊时期给予的支持和爱护。

我国生育保险待遇主要包括两项。一是生育津贴，用于保障女职工产假期间的基本生活需要；二是生育医疗待遇，用于保障女职工怀孕、分娩期间以及实施节育手术时的基本医疗保健需要。

生育保险的主要特征：（1）生育保险的对象一般只针对女职工，因为生育对女职工造成直接的经济损失和身体健康损失，所以直接补偿者是女职工本人。一些企业也对男职工给予一定的待遇。但这些待遇属于企业行为，国家立法中没有规定。（2）生育保险的目的不仅仅是补偿女职工在生育期间的收入损失，也有着重要的社会意义，对妇女和儿童的身体健康有双重维护作用。（3）生育保险以执行国家生育政策为基本条件。

生育保险法律发展进程：1986年，卫生部、劳动人事部、全国总工会、全国妇联联合印发了《女职工保健工作暂行规定》。这一规定是在全国范围内进行为期6年调查研究的基础上，经过科学论证，并参考各国法规制定的，为保障女职工的合法权益发挥了重大作用。1988年7月，国务院发布了《女职工劳动保护规定》，此规定适用于中国境内一切国家机关、团体、企事业单位的女职工。军队系统的单位可参照执行。其主要内容是对女职工的就业、劳动工作时间、产假、待遇、孕期保护及其他福利等作了详细规定。1994年12月，劳动部颁发的《企业职工生育保险试行办法》中规定："本办法适用城镇企业及其职工。生育保险按属地原则组织，生育保险费用实行社会统筹。"

《民事案件案由规定》第一级案由第六部分为劳动争议、人事争议，其下二级案由之十七为劳动争议，社会保险纠纷是该二级案由下的第三级案由。生育保险待遇纠纷，与养老保险待遇纠纷、工伤保险待遇纠纷、医疗保险待遇纠纷、失业保险待遇纠纷共同构成"社会保险待遇纠纷"项下5个四级案由。

二、生育津贴制度设立的目的是保障女职工产假期间工资收入不降低

用人单位应当以货币形式按照确定的工资支付周期足额支付工资，不得拖欠或者克扣，劳动者依法享受法定休假日、年休假、探亲假、婚假、产假、计划生育假等假期期间，用人单位应当视同其正常劳动并支付正常工作时间的工资。

（一）典型案例

☞ **汉信伟业投资有限公司与陈某生育保险待遇纠纷案**[1]

【关键词】生育保险　生育津贴　产假工资

- -

| 基本案情 |

原告（二审上诉人）：汉信伟业投资有限公司；被告（二审被上诉人）：陈某。

汉信伟业投资有限公司（以下简称汉信公司）与陈某生育保险待遇纠纷案，汉信公司因不服劳动仲裁裁决，起诉至上海市浦东新区人民法院。汉信公司向一审法院起诉请求：（1）判令汉信公司不支付陈某第一次生产生育津贴差额人民币9813.33元、第二次生产生育津贴差额10901.33元；（2）判令汉信公司不支付陈某2015年7月工资差额872.37元、2015年11月工资差额330.20元、2015年12月工资差额1199.20元、2016年11月工资差额1587.50元、2016年

---

〔1〕（2018）沪0115民初40466号；（2018）沪01民终11434号。

12 月工资差额 1587.50 元、2017 年 1 月工资差额 2234.50 元、2017 年 2 月工资差额 2451.50 元、2017 年 3 月工资差额 3021.50 元；（3）判令汉信公司不支付陈某 2015 年 9 月 10 日、10 月 8 日产检工资 468.96 元；（4）判令汉信公司不支付陈某 2017 年 7 月 28 日至 2017 年 10 月 18 日期间病假工资 7405.70 元。

一审法院认定事实，陈某原系汉信公司员工。陈某于 2016 年 1 月 13 日第一次生产（顺产），领取生育生活津贴 23040 元（支付标准为 5398.70 元/月）、生育医疗费补贴 3000 元。2016 年 1 月 13 日至 2016 年 5 月 6 日期间陈某享受产假。陈某于 2017 年 4 月 5 日第二次生产（顺产），领取生育生活津贴 21952 元（支付标准为 5142.70 元/月）、生育医疗费补贴 3600 元。2017 年 4 月 5 日至 2017 年 7 月 28 日期间陈某享受产假。2017 年 10 月 18 日，陈某向汉信公司提出解除劳动关系。2017 年 12 月 16 日，上海市浦东新区劳动人事争议仲裁委员会受理陈某仲裁申请，陈某要求汉信公司支付：（1）2015 年 6 月 10 日、7 月 12 日、9 月 10 日、10 月 8 日、11 月 10 日、11 月 26 日、12 月 10 日、12 月 17 日、12 月 24 日、12 月 31 日（头胎），2016 年 10 月 27 日、11 月 24 日、12 月 1 日、12 月 29 日、2017 年 1 月 12 日、2 月 16 日、3 月 2 日、3 月 9 日、3 月 16 日、3 月 23 日、3 月 30 日、4 月 3 日（二胎）的产检工资共计 6048 元，2015 年 7 月工资差额 1000 元、2015 年 11 月工资差额 1000 元、2015 年 12 月工资差额 2041 元（头胎），2016 年 11 月工资差额 1941 元、2016 年 12 月工资差额 1941 元、2017 年 1 月工资差额 2588 元、2017 年 2 月工资差额 2805 元、2017 年 3 月工资差额 3375 元（二胎）；（2）支付 2017 年 7 月 28 日至 2017 年 10 月 31 日病假工资 9762 元；（3）支付头胎生育金差额 18520 元、二胎生育金差额 18520 元（第一次生育时间 2016 年 1 月 13 日，第二次为 2017 年 4 月 5 日）；（4）支付解除劳动关系经济补偿金 40800 元。2018 年 4 月 10 日，该仲裁委员会作出裁决：汉信公司支付陈某 2015 年 7 月工资差额 872.37 元、2015 年 11 月工资差额 330.20 元、2015 年 12 月工资差额 1199.20 元、2016 年 11 月工资差额 1587.50 元、2016 年 12 月工资差额 1587.50 元、2017 年 1 月工资差额 2234.50 元、2017 年 2 月工资差额 2451.50 元、2017 年 3 月工资差额 3021.50 元，2015 年 9 月 10 日、10 月 8 日产检工资 468.96 元、2017 年 7 月 28 日至 2017 年 10 月 18 日期间病假工资 7405.70 元，第一次生产生育津贴差额 9813.33 元、第二次生产生育津贴差额 10901.33 元。汉信公司不服裁决，遂诉至法院。

一审审理中汉信公司与陈某一致确认，汉信公司应支付陈某 2015 年 7 月工资差额 450 元、2015 年 12 月工资差额 613 元、2016 年 11 月工资差额 561 元、

2016 年 12 月工资差额 561 元、2017 年 1 月工资差额 1208 元、2017 年 2 月工资差额 1425 元、2017 年 3 月工资差额 1995 元，2015 年 10 月 8 日产检工资 235 元、2017 年 7 月 28 日至 2017 年 10 月 18 日期间病假工资 6186 元，第二次生产生育津贴差额 4196 元。

陈某表示不再主张仲裁裁决的 2015 年 11 月工资差额 330.20 元、2015 年 9 月 10 日产检工资、第一次生产生育津贴差额 9813.33 元。

陈某提供其与汉信公司员工的微信截图；汉信公司表示不符合证据形式，不予认可。经审查，一审法院采信汉信公司质证意见，对于陈某提供的上述证据在本案中不予确认。

一审法院认为，根据法律规定，用人单位应当按照劳动合同约定和国家规定，向劳动者及时足额支付劳动报酬。本案中，汉信公司与陈某一致确认汉信公司应支付陈某 2015 年 7 月工资差额 450 元、2015 年 12 月工资差额 613 元、2016 年 11 月工资差额 561 元、2016 年 12 月工资差额 561 元、2017 年 1 月工资差额 1208 元、2017 年 2 月工资差额 1425 元、2017 年 3 月工资差额 1995 元、2015 年 10 月 8 日产检工资 235 元、2017 年 7 月 28 日至 2017 年 10 月 18 日期间病假工资 6186 元、第二次生产生育津贴差额 4196 元，法院予以确认。陈某表示不再主张仲裁裁决的 2015 年 11 月工资差额 330.20 元、2015 年 9 月 10 日产检工资、第一次生产生育津贴差额 9813.33 元，于法不悖，亦予以准许。

│裁判结果│ 一审判决结果：（1）汉信伟业投资有限公司于判决生效之日起十日内支付陈某 2015 年 7 月工资差额 450 元、2015 年 12 月工资差额 613 元、2016 年 11 月工资差额 561 元、2016 年 12 月工资差额 561 元、2017 年 1 月工资差额 1208 元、2017 年 2 月工资差额 1425 元、2017 年 3 月工资差额 1995 元，合计 6813 元；（2）汉信伟业投资有限公司于判决生效之日起十日内支付陈某 2015 年 10 月 8 日产检工资 235 元；（3）汉信伟业投资有限公司于判决生效之日起十日内支付陈某 2017 年 7 月 28 日至 2017 年 10 月 18 日期间病假工资 6186 元；（4）汉信伟业投资有限公司于判决生效之日起十日内支付陈某第二次生产生育津贴差额 4196 元；（5）汉信伟业投资有限公司不支付陈某 2015 年 11 月工资差额 330.20 元、2015 年 9 月 10 日产检工资、第一次生产生育津贴差额 9813.33 元。

汉信公司不服判决，提起上诉。

汉信公司二审补充事实称，一审判决所涉款项其已在工资中向陈某予以补发。对此，陈某不予认可。汉信公司称其为证明此节事实，在一审审理中提交了陈某的工资发放银行流水。鉴于汉信公司所提供的证据不足以证明其所补充的事实，二审法院不予采纳。

二审判决结果：驳回上诉，维持原判。

| 裁判依据 | 二审法院认为，汉信公司在一审审理中提交了陈某工资发放银行流水作为证据，陈某确认该证据的真实性，在此情形下，汉信公司仍确认其发放陈某的款项存在差额并愿意支付一审判决所涉差额，原审法院据此判令汉信公司支付工资差额及生产生育津贴差额，并无不妥。汉信公司现上诉主张其已发放了陈某判决所涉款项，鉴于汉信公司未提供足以推翻其自认事实的证据，故汉信公司的此项上诉主张，二审法院不予采纳。汉信公司上诉主张其在一审中确认并同意支付一审判决所涉款项系基于双方调解，鉴于汉信公司就其所主张的此项事实未提供任何证据予以佐证，二审法院亦不予采纳。一审法院在就本案中的诉讼请求作出判决时，已经详尽地阐明了判决理由，该理由正确，据此所作的判决亦无不当。汉信公司上诉认为其不应支付一审判决所涉款项，未提出新的事实与理由加以佐证，二审法院不予采信。综上所述，汉信公司的上诉请求不能成立，应予驳回。一审判决认定事实清楚，适用法律正确，应予维持。

（二）裁判旨要

根据相关法律及政策规定，用人单位不得因女职工怀孕、生育、哺乳降低其工资，女职工产假期间的工资不得低于其原工资收入。

（三）律师评析

生育保险基金是社会保险基金中的一个组成部分，是专门为生育职工支付有关待遇的款项。主要作用是为因生育而暂时离开工作岗位的女职工支付医疗费用和生育津贴。生育保险基金的来源是由参加统筹的单位缴纳，职工个人不缴纳生育保险费。生育保险和国家计划生育政策相关联，因此，预见性强，风险不大。生育保险基金以收支基本平衡为目标，一般不留有大量结余。基金管理机构在基金测算过程中，以当地职工计划生育指标数、工资标准、生育医疗费用支付情况等为参考依据，估算生育保险基金的筹资比例，统筹规划该地区的生育保险基金运作流程。生育保险基金由各地社会保险经办机构负责管理，同级财政、审计以及社会保险监督机构负责监督。

1. 产假

产假是指国家法律、法规规定，给予职工在生育过程中休息的期限。具体解释为女职工在分娩前和分娩后的一定时间内所享有的假期。产假主要作用是使女职工在生育时期得到适当的休息，使其逐步恢复体力，并使婴儿得以受到母亲的精心照顾和哺育。

我国在 20 世纪 80 年代以前，把怀孕、生育和产后照料婴儿的假期规定为 56 天。1988 年公布《女职工劳动保护规定》后，对原规定作了很大的修改。现法定正常产产假为 98 天，其中产前假期为 15 天。难产的，增加产假 15 天。若系多胞胎生育，每多生育一个婴儿增加产假 15 天。流产产假以 4 个月划界，其中不满 4 个月流产的，给予 15 天的产假；满 4 个月流产的，产假为 42 天。很多地区还采取了对晚婚、晚育的职工给予奖励政策，假期延长到 180 天。

2. 生育津贴的支付方式和支付标准

生育津贴是国家法律、法规规定的对职业妇女在因生育而离开工作岗位期间给予的生活费用。有的国家又叫生育现金补助。

我国生育津贴的支付方式和支付标准分两种情况：一是在实行生育保险社会统筹的地区，支付标准按本企业上年度职工月平均工资的标准支付，期限不少于 98 天；二是在没有开展生育保险社会统筹的地区，生育津贴由本企业或单位支付，标准为女职工生育之前的基本工资和物价补贴，期限一般为 98 天。部分地区对晚婚、晚育的职业妇女实行适当延长生育津贴支付期限的鼓励政策。还有的地区对参加生育保险的企业中男职工的配偶，给予一次性津贴补助。

3. 生育保险基金不支付医疗费的八种情形

有下列情形之一的，生育保险基金不予支付：（1）违反国家或本市计划生育规定发生的医疗费用；（2）因医疗事故发生的医疗费用；（3）在非定点医疗机构发生的医疗费用；（4）按照规定应当由职工个人负担的医疗费用；（5）婴儿发生的各项费用；（6）超过定额、限额标准之外的费用；（7）不具备临床剖宫产手术特征，职工个人要求实施剖宫产术的，超出自然分娩定额标准的费用；（8）实施人类辅助生殖术（如试管婴儿）发生的医疗费用。

4. 生育保险待遇还应遵守地方相关规定

除去上述法律规定之外，生育保险待遇还应遵守地方相关规定。上海市人民政府于 2013 年 1 月 19 日颁布《上海市人民政府关于贯彻实施〈女职工劳动保护特别规定〉调整本市女职工生育保险待遇有关规定的通知》，调整了上海市女职工生育保险待遇。该通知自印发之日起实施，有效期至2017年12月31日。上海市人民政府于2017年12月8日颁布《上海市人民政府关于延长〈上海市人民政府关于贯彻实施《女职工劳动保护特别规定》调整本市女职工生育保险待遇有关规定的通知〉有效期的通知》，将2013年1月市政府印发的上述（沪府发〔2013〕5号）通知的有效期延长至2022年12月31日。该通知明确了上海市女职工产假期限为：（1）本市女职工生育享受98天产假，其中产前可以休假15天；难产的，增加产假15天；生育多胞胎的，每多生育1个婴儿，增加产假15天；符合计划生育晚育条件的，增加晚育假30天。（2）本市女职工怀孕未满4个月流产的，享受产假15天；怀孕满4个月流产的，享受产假42天。

上海市女职工符合计划生育规定生育或者流产的，按照以下规定享受生育生活津贴：（一）参加本市城镇生育保险的女职工生育或者流产的，其生育生活津贴按照女职工所在用人单位上年度职工月平均工资除以30天再乘以应享受的产假天数计发，所需资金由本市城镇生育保险基金支付。（二）本市女职工享受的生育生活津贴低于本人产假前工资标准的，按照《中华人民共和国妇女权益保障法》第二十七条第一款和《女职工劳动保护特别规定》第五条执行。（三）未参加本市城镇生育保险的女职工生育或者流产的，其生育生活津贴按照女职工产假前工资标准和应享受的产假天数计发，所需资金由用人单位支付。

（四）相关法条及司法解释

《中华人民共和国社会保险法》

第五十三条　职工应当参加生育保险，由用人单位按照国家规定缴纳生育保险费，职工不缴纳生育保险费。

第五十四条　用人单位已经缴纳生育保险费的，其职工享受生育保险待遇；职工未就业配偶按照国家规定享受生育医疗费用待遇。所需资金从生育保险基金中支付。

生育保险待遇包括生育医疗费用和生育津贴。

第五十五条　生育医疗费用包括下列各项：

（一）生育的医疗费用；

（二）计划生育的医疗费用；

（三）法律、法规规定的其他项目费用。

第五十六条 职工有下列情形之一的，可以按照国家规定享受生育津贴：

（一）女职工生育享受产假；

（二）享受计划生育手术休假；

（三）法律、法规规定的其他情形。

生育津贴按照职工所在用人单位上年度职工月平均工资计发。

《女职工劳动保护特别规定》

第七条 女职工生育享受 98 天产假，其中产前可以休假 15 天；难产的，增加产假 15 天；生育多胞胎的，每多生育 1 个婴儿，增加产假 15 天。

女职工怀孕未满 4 个月流产的，享受 15 天产假；怀孕满 4 个月流产的，享受 42 天产假。

第八条 女职工产假期间的生育津贴，对已经参加生育保险的，按照用人单位上年度职工月平均工资的标准由生育保险基金支付；对未参加生育保险的，按照女职工产假前工资的标准由用人单位支付。

女职工生育或者流产的医疗费用，按照生育保险规定的项目和标准，对已经参加生育保险的，由生育保险基金支付；对未参加生育保险的，由用人单位支付。

《上海市人民政府关于贯彻实施〈女职工劳动保护特别规定〉调整本市女职工生育保险待遇有关规定的通知》

一、关于本市女职工产假期限

（一）本市女职工生育享受 98 天产假，其中产前可以休假 15 天；难产的，增加产假 15 天；生育多胞胎的，每多生育 1 个婴儿，增加产假 15 天；符合计划生育晚育条件的，增加晚育假 30 天。

（二）本市女职工怀孕未满 4 个月流产的，享受产假 15 天；怀孕满 4 个月流产的，享受产假 42 天。

二、关于本市女职工产假待遇

本市女职工符合计划生育规定生育或者流产的，按照以下规定享受生育生活津贴：

（一）参加本市城镇生育保险的女职工生育或者流产的，其生育生活津贴按照女职工所在用人单位上年度职工月平均工资除以 30 天再乘以应享受的产假天数计发，所需资金由本市城镇生育保险基金支付。

（二）本市女职工享受的生育生活津贴低于本人产假前工资标准的，按照《中华人民共和国妇女权益保障法》第二十七条第一款和《女职工劳动保护特别规定》第五条执行。

（三）未参加本市城镇生育保险的女职工生育或者流产的，其生育生活津贴按照女职工产假前工资标准和应享受的产假天数计发，所需资金由用人单位支付。

《上海市城镇生育保险办法》

第十六条 （生育医疗费补贴标准）

符合本办法第十三条规定的妇女，可以享受生育医疗费补贴。支付标准为：

（一）妊娠7个月（含7个月）以上生产或者妊娠不满7个月早产的，生育医疗费补贴为3000元；

（二）妊娠3个月（含3个月）以上、7个月以下自然流产的，生育医疗费补贴为500元；

（三）妊娠3个月以下自然流产的，生育医疗费补贴为300元。

第十七条 （申领津贴、补贴的手续）

符合本办法第十三条规定的妇女生育后，可以到指定的经办机构申请领取生育生活津贴、生育医疗费补贴。申请时需提供下列材料：

（一）人口和计划生育管理部门出具的属于计划内生育的证明；

（二）本人的身份证；

（三）医疗机构出具的生育医学证明。

申领人是失业妇女的除提供前款规定的材料外，还需提供经失业保险机构审核的《劳动手册》。

受委托代为申领的被委托人，还需提供申领人出具的委托书和被委托人的身份证。

任何人不得提供虚假的材料冒领或者多领生育生活津贴、生育医疗费补贴。

三、生育津贴和产假工资领取的原则和例外

随着国家生育政策的开放，越来越多的家庭从一孩逐渐步入了二孩时代。而生育津贴的作用再一次被放大，无论是男职工还是女职工，缴纳生育保险都是可以享受部分权益的。

（一）典型案例

☞ 陈某娟、法雷奥市光（中国）车灯有限公司生育保险待遇纠纷案[2]

【关键词】生育津贴　生育津贴差额

| 基本案情 |

原告（二审上诉人）：陈某娟；被告（二审被上诉人）：法雷奥市光（中国）车灯有限公司。

2013 年 3 月 12 日，陈某娟与湖北法雷奥车灯有限公司签订劳动合同，湖北法雷奥车灯有限公司雇用陈某娟在生产部门担任操作工职务，合同期限自 2013 年 3 月 12 日起至 2016 年 3 月 31 日止。2014 年 8 月 1 日，陈某娟与湖北法雷奥车灯有限公司签订劳动合同变更协议书，双方协商因公司名称变更，自 2014 年 8 月 1 日起，陈某娟的雇主由湖北法雷奥车灯有限公司变更为本案当事人法雷奥市光（中国）车灯有限公司（以下简称法雷奥公司）。2016 年 3 月 21 日，陈某娟与法雷奥公司续签劳动合同，合同期限自 2016 年 4 月 1 日起至 2021 年 3 月 31 日止。合同履行期内，法雷奥公司为陈某娟缴纳生育保险费，每月以上月 20 日至当月 19 日为计薪周期，每月月底发放当月工资。陈某娟 2018 年 1 月 29 日至 2018 年 6 月 20 日休生育产假。社会保险经办机构将核定的陈某娟生育津贴 24024 元支付至法雷奥公司账户。2018 年 1 月至 2018 年 6 月，法雷奥公司共向陈某娟发放工资收入共计 28533 元。其中双方存在争议的有：2018 年 1 月发放的 2017 年 7 月—12 月奖金 3420 元、2018 年 1 月税前工资 3918.69 元、2018 年 1 月补调工资 150 元、2018 年 1 月 20 日至 2018 年 1 月 28 日工资 795.66 元（3461.11 元÷21.75 天×5 天）、2018 年 1 月 20 日至 2018 年 1 月 28 日补调工资 34.48 元（150 元÷21.75 天×5 天），2018 年 2 月 8 日发放的 1800 元春节物资费、2018 年 4 月发放的 1000 元春节探亲费、2018 年 7 月发放的 2018 年 1—6 月奖金 690 元。陈某娟认为法雷奥公司在生育产假期间克扣工资，于 2018 年 11 月 23 日申请劳动仲裁，请求裁决：法雷奥公司向陈某娟支付生育津贴差额 8132 元。2018 年 12 月 27 日，武汉经济技术开发区（汉南区）劳动人事争议仲裁委员会作出武开劳人仲裁字〔2019〕第 4 号仲裁裁决书，裁决：法雷奥公司一次

-----

〔2〕（2019）鄂 0191 民初 446 号；（2019）鄂 01 民终 10374 号。

性支付陈某娟生育津贴差额 4668.28 元。法雷奥公司与陈某娟均不服该裁决，遂诉至本院，请求依诉予判。

陈某娟向一审法院提出的诉讼请求：（1）请求判令法雷奥公司支付陈某娟生育津贴差额 8132 元；（2）请求判令法雷奥公司支付诉讼相关费用。

法雷奥公司向一审法院提出诉讼请求：请求判令法雷奥公司无须向陈某娟支付生育津贴差额 4668.28 元。

一审法院认为，根据现行法律规定，职工生育享受产假，可以按照国家规定享受生育津贴。法雷奥公司已为陈某娟缴纳生育保险费，陈某娟有权享受生育保险待遇，生育保险待遇包括生育医疗费用和生育津贴。本案争议焦点在于法雷奥公司是否按社会保险经办机构核定的陈某娟的生育津贴标准支付生育保险待遇。根据《关于工资总额组成的规定》，津贴和补贴、奖金、特殊情况下支付的工资均包含在工资总额内，且 2018 年春节假期从 2018 年 2 月 15 日起至 2018 年 2 月 21 日止，故法雷奥公司于 2018 年 2 月 8 日发放的 1800 元春节物资费、2018 年 4 月发放的 1000 元春节探亲费以及 2018 年上半年奖金 690 元均应列入陈某娟休生育产假期间发放的工资总额内。由于法雷奥公司每月计薪周期为上月 20 日至当月 19 日，故该公司 2018 年 1 月后发放的 2017 年下半年奖金 3420 元、2018 年 1 月税前工资 3918.69 元、2018 年 1 月补调工资 150 元、2018 年 1 月 20 日至 2018 年 1 月 28 日工资 795.66 元（3461.11 元 ÷21.75 天 ×5 天）、2018 年 1 月 20 日至 2018 年 1 月 28 日补调工资 34.48 元（150 元 ÷21.75 天 ×5 天），合计 8318.83 元应为陈某娟休生育产假前应得工资报酬。据此，法雷奥公司已向其发放生育产假期间工资报酬 20214.17 元（28533 元 − 8318.83 元）。鉴于社会保险机构为陈某娟核发的生育津贴金额为 24024 元，差额部分 3809.83 元应由法雷奥公司支付给陈某娟。对于陈某娟的相关诉请主张，予以支持，其诉请超出法院认定部分，不予支持。法雷奥公司关于不支付生育津贴差额的抗辩理由，无事实和法律依据，不予支持。综上，法雷奥公司向陈某娟支付的产假期间工资待遇与社会保险经办机构核定的生育津贴存在差额，应向陈某娟支付差额 3809.83 元。

| 裁判结果 | 一审判决：（1）法雷奥公司于判决生效之日起 5 日内支付陈某娟生育津贴差额 3809.83 元；（2）驳回法雷奥公司的其他诉讼请求；（3）驳回陈某娟的其他诉讼请求。

一审宣判后，陈某娟不服一审民事判决，提出上诉。

二审判决：（1）撤销湖北省武汉经济技术开发区人民法院（2019）鄂 0191

民初446号民事判决；（2）法雷奥公司于本判决生效之日起5日内支付陈某娟生育津贴差额3953.11元；（3）驳回法雷奥公司的其他诉讼请求；（4）驳回陈某娟的其他诉讼请求。

│裁判依据│ 二审法院认为，本案争议的焦点为：法雷奥公司是否应支付陈某娟生育津贴差额，如应支付则应支付多少金额。

陈某娟在仲裁和一审时均请求法雷奥公司支付社会保险机构核发其生育津贴的差额，对于其在二审上诉时提出要求法雷奥公司补发克扣工资的上诉请求，与其在仲裁和一审时提出的请求不同，属于新增的诉讼请求，且未经前置程序，依照相关法律规定，二审法院对于陈某娟二审期间新增的上诉请求不予处理。

根据现行法律规定，职工生育享受产假，可以按照国家规定享受生育津贴。法雷奥公司已为陈某娟缴纳生育保险费，陈某娟有权享受生育保险待遇。陈某娟于2018年1月29日至2018年6月20日休生育产假期间，社会保险经办机构核定陈某娟的生育津贴为24024元。根据陈某娟工资发放明细显示，2018年1月至2018年6月，法雷奥公司共向陈某娟发放共计28533.39元（包括2018年7月份发放的上半年奖金690元）。一审法院对陈某娟休产假期间的工资性收入计算基本正确，但在计算陈某娟2018年上半年奖金时，将陈某娟未休产假工作时间应得的奖金，作为产假期间的工资性收入进行了扣减，根据陈某娟2018年上半年工作时间计算，陈某娟2018年非产假期间的半年奖金应为（690元÷365天）×2×（28天+10天）=143.67元。法雷奥公司已向陈某娟发放生育期间产假工资报酬20070.89元（28533.39元–8462.5元）。鉴于社会保险机构为陈某娟核发的生育津贴金额为24024元，法雷奥公司应向陈某娟支付差额3953.11元。陈某娟上诉请求超出本院认定部分，二审法院不予支持。综上，陈某娟上诉请求部分成立，二审法院予以部分支持。

（二）裁判旨要

生育津贴和产假工资原则上不可兼得。如果产假工资低于生育津贴，那么差额部分应当支付给职工。如果产假工资高于生育津贴，企业不得克扣高出部分。但是，如果用人单位同意在职工领取生育津贴的同时再额外支付产假工资，法律并不禁止。

(三) 律师评析

1. 生育津贴的前提及计算公式

参保范围内的女职工，在生育前需要连续缴费 9 个月，可即时申领享受相应的生育津贴待遇（包含分娩当月）；如连续缴费不足 9 个月，分娩之月后连续缴费满 12 个月的，职工的生育津贴由生育保险基金予以补支。补支标准为申报领取津贴之月。

生育津贴计算公式：生育津贴 = 用人单位月人均缴费基数 ÷ 30 天 × 产假天数。

其中，用人单位月人均缴费基数为：女性参保职工发生引、流产或分娩的自然年度中，所在单位首次进行缴费基数核定之月，全部参保职工缴费基数之和除以参保职工人数。

职工生育津贴不需要缴纳个人所得税。

2. 生育津贴的支付方式、支付标准及办理时效

我国生育津贴的支付方式和支付标准分两种情况：一是在实行生育保险社会统筹的地区，支付标准按本企业上年度职工月平均工资的标准支付，期限不少于 98 天；二是在没有开展生育保险社会统筹的地区，生育津贴由本企业或单位支付，标准为女职工生育之前的基本工资和物价补贴，期限一般为 98 天。部分地区对晚婚、晚育的职业妇女实行适当延长生育津贴支付期限的鼓励政策。

符合条件的参保人可以本人或者委托代理人在分娩次月 15 日后至分娩后 12 个月内（宝宝一周岁内）办理申领手续，逾期就无法办理。

3. 生育津贴和产假工资有何不同？职工是否能够同时享受？

生育津贴，指的是国家法律、法规规定生育保险基金对职业妇女因生育而离开工作岗位期间，给予的生活费用。而产假工资，则指的是用人单位在职工产假期间支付的工资待遇。

生育津贴和产假工资的不同体现在：（1）发放主体不同。生育津贴的发放主体是社保机构；而产假工资，则是女性产假期间，公司给女职员发放的工资，发放主体是公司。（2）性质不同。生育津贴：国家法律、法规规定对职业妇女因生育而离开工作岗位期间，给予的生活费用；产假工资：公司在女职工产假期间所发放的产假工资。职业女性在休产假期间，用人单位不得降低其工资、辞退或者以其他形式解除劳动合同。（3）范围不同。生育津贴里包含产假工资。

生育津贴和产假工资，职工是否能够同时享受，在司法实践中一直是存在争议的一个问题。有观点认为，用人单位已经为职工缴纳了生育保险，其在产假期间也没有提供任何的劳动，并且社保部门也向职工发放了生育津贴，因此，用人单位无须再向职工支付产假工资。另外一种观点认为，职工在享受生育津贴的同时，其也应当与普通劳动者一样，领取产假期间的工资。以上两种观点，笔者认为都存在值得商榷的地方。为了充分保护职工的权益，笔者倾向于认为，如果职工的工资低于或等于生育津贴的数额，则以生育津贴为准，用人单位无须再支付款项给职工；但如果职工的工资高于生育津贴，则职工除了生育津贴外，用人单位还应当补足职工工资与生育津贴之间的差额。需要特别指出的是，基于劳动法的社会法属性，其较为倾向于保护劳动者的利益，若用人单位同意在职工领取生育津贴的同时再额外支付产假工资，法律是不禁止的。此外，若用人单位有相应的制度规定职工在产假期间可以享受产假工资，则该制度对用人单位也有约束力，用人单位应当按照制度的规定支付产假工资，如果没有支付，职工可以向用人单位主张。

4. 用人单位申领生育津贴的条件

用人单位申领生育津贴的条件是：（1）职工累计参加职工生育保险满1年；（2）职工分娩或施行计划生育手术的上月，正常参加职工生育保险；（3）职工分娩或施行计划生育手术的当月至休假结束当月由同一用人单位为其正常缴纳生育保险费用；（4）用人单位已按规定向职工逐月垫付生育津贴；（5）职工分娩须符合计划生育政策。

（四）相关法条及司法解释

《中华人民共和国劳动法》

第七十三条 劳动者在下列情形下，依法享受社会保险待遇：

（一）退休；

（二）患病、负伤；

（三）因工伤残或者患职业病；

（四）失业；

（五）生育。

劳动者死亡后，其遗属依法享受遗属津贴。

劳动者享受社会保险待遇的条件和标准由法律、法规规定。

劳动者享受的社会保险金必须按时足额支付。

《中华人民共和国社会保险法》

第五十三条　职工应当参加生育保险，由用人单位按照国家规定缴纳生育保险费，职工不缴纳生育保险费。

第五十四条　用人单位已经缴纳生育保险费的，其职工享受生育保险待遇；职工未就业配偶按照国家规定享受生育医疗费用待遇。所需资金从生育保险基金中支付。

生育保险待遇包括生育医疗费用和生育津贴。

第五十五条　生育医疗费用包括下列各项：

（一）生育的医疗费用；

（二）计划生育的医疗费用；

（三）法律、法规规定的其他项目费用。

第五十六条　职工有下列情形之一的，可以按照国家规定享受生育津贴：

（一）女职工生育享受产假；

（二）享受计划生育手术休假；

（三）法律、法规规定的其他情形。

生育津贴按照职工所在用人单位上年度职工月平均工资计发。

《关于工资总额组成的规定》

第四条　工资总额由下列六个部分组成：

（一）计时工资；

（二）计件工资；

（三）奖金；

（四）津贴和补贴；

（五）加班加点工资；

（六）特殊情况下支付的工资。

第十章　失业保险待遇纠纷

一、失业保险待遇纠纷概述

　　离职失业是一种普遍发生的社会现象。失业保险是社会保险的主要项目之一，作为社会保障体系的重要组成部分，其对失业人员生活起到了一定的保障作用。用人单位应当依据《社会保险法》《失业保险条例》等相关法律规定按时足额为职工缴纳失业保险费。用人单位职工被辞退或解除劳动合同后，符合法定条件的，可以依法享受失业保险待遇；符合领取失业保险金条件的，可以向社保机构申请领取失业保险金，失业保险金按照低于当地最低工资标准、高于城市居民最低生活保障标准的水平发放，最长不超过 24 个月。领取期间可以同时享受其他失业保险待遇。需要注意的是，失业人员在领取失业保险金期间，参加职工基本医疗保险，享受基本医疗保险待遇，医疗保险费由失业保险基金支付，个人不缴纳基本医疗保险费。

　　然而在社会实践中，我们常常发现用人单位未按时足额为职工缴纳失业保险费，亦未在法律规定期限内进行补缴；或未按规定及时为失业人员办理转移档案关系、办理离职手续导致职工无法享受失业保险待遇，从而引发失业保险待遇纠纷。当职工无法享受失业保险待遇时，应当如何维护自身合法权益，将作为本章重点进行探讨。

二、失业保险待遇纠纷中，劳动者的举证责任

（一）典型案例

☞ **邓某伟与重庆科斯迈生物科技有限公司失业保险待遇纠纷**[1]

【关键词】失业保险待遇　赔偿损失

｜基本案情｜

再审申请人（一审原告、二审上诉人）：邓某伟；再审被申请人（一审被告、二审被上诉人）：重庆科斯迈生物科技有限公司。

再审申请人邓某伟因与被申请人重庆科斯迈生物科技有限公司（以下简称科斯迈公司）失业保险待遇纠纷一案，不服重庆市第一中级人民法院（2016）渝01民终8756号民事判决，向重庆市高级人民法院申请再审，重庆市高级人民法院于2017年8月7日作出（2017）渝民申281号民事裁定，提审本案。

邓某伟诉讼请求：2015年12月24日，邓某伟到科斯迈公司从事装配工作，双方未签订书面劳动合同。2016年3月11日，科斯迈公司以邓某伟在实习期不符合公司工作要求为由，辞退邓某伟。2016年7月，科斯迈公司为邓某伟补缴了其在职期间的失业保险。2016年7月13日，邓某伟以科斯迈公司为被申请人向重庆两江新区劳动争议仲裁委员会申请仲裁，请求裁决：被申请人支付申请人失业保险待遇损失15750元。2016年9月7日，该委作出超时未审结案件证明书。2016年9月9日，邓某伟向一审法院提起诉讼。

｜裁判结果｜ 一审裁判结果：驳回原告邓某伟的诉讼请求。

二审裁判结果：驳回上诉，维持原判。

再审裁判结果：维持重庆市第一中级人民法院（2016）渝01民终8756号民事判决。

｜裁判依据｜ 一审法院经审理认为：依据《失业保险条例》第十四条规定，只有在按照规定参加失业保险，所在单位和本人已按照规定履行缴费义务满一

---

〔1〕（2016）渝01民终8756号；（2017）渝民申281号。

年的失业人员，才可能在非因本人意愿中断就业的情况下领取失业保险金。本案中，邓某伟在科斯迈公司工作不满一年，不满足领取失业金的条件，邓某伟请求失业保险待遇损失，缺乏事实及法律依据，一审法院不予支持。

二审法院经审理认为：关于科斯迈公司是否应当向邓某伟支付失业保险待遇损失的问题，根据谁主张、谁举证的原则，若劳动者认为其存在失业保险待遇损失，应当对损失产生的原因、损失的金额承担举证责任。本案中，科斯迈公司已经为邓某伟补缴其在职期间的失业保险，但邓某伟未举示证据证明导致其未领取失业保险待遇的原因及损失大小，故邓某伟要求科斯迈公司支付失业保险待遇损失的请求，无充分、有效的证据予以证明，法院对该项请求，不予支持。

再审法院经审理认为：《社会保险法》第五十八条规定："用人单位应当自用工之日起三十日内为其职工向社会保险经办机构申请办理社会保险登记。未办理社会保险登记的，由社会保险经办机构核定其应当缴纳的社会保险费。"第六十三条第一款规定："用人单位未按时足额缴纳社会保险费的，由社会保险费征收机构责令其限期缴纳或者补足。"《重庆市失业保险条例》第十九条第二款规定："单位及其职工自欠缴之月起一年内清缴了所欠失业保险费与滞纳金的，失业人员自清缴次月起可享受失业保险待遇。"《重庆市失业保险条例实施办法》第十二条规定："单位和职工所欠缴的失业保险费，由单位与当地失业保险经办机构和地方税务机关签订欠费补缴协议，按协议约定补缴。从签订协议之日起，单位及其职工在一年内清缴了所欠失业保险费与滞纳金的，失业人员从单位清缴欠费次月起，可按规定享受失业保险待遇；单位逾期不缴纳的，失业人员不能享受失业保险待遇，由此给失业人员造成的损失，由单位负责赔偿。"根据《社会保险法》《重庆市失业保险条例》《重庆市失业保险条例实施办法》的规定，用人单位应当及时为劳动者办理失业保险，未按规定办理的，社保机构可以责令其限期缴纳，且用人单位也可以补缴。本案邓某伟于2015年12月24日到科斯迈公司工作，2016年3月11日被公司辞退。2016年7月，科斯迈公司为邓某伟补缴了失业保险。科斯迈公司虽然在邓某伟入职时未及时为其缴纳失业保险，但科斯迈公司在欠缴之月起一年内进行了补缴，该补缴行为符合《社会保险法》第六十三条第一款及《重庆市失业保险条例》第十九条第二款的规定，故科斯迈公司虽然存在着延迟缴纳的行为，但依照法律及重庆市地方性法规的规定，其补缴行为是法律法规所允许的。故邓某伟要求科斯迈公司赔偿其失业保险待遇损失无法律依据。再审法院再审中邓某伟提交的《说明》拟证明其不能享受失业保险的责任在于科斯迈公司，但依照现行法律法规的规定，该《说明》并不能达到其证明目的，故法院对该证据不予采信。

（二）裁判旨要

第一，根据现行法律规定，只有按照规定参加失业保险，且所在单位和本人已按照规定履行缴费义务满一年的失业人员，才可能在非因本人意愿中断就业的情况下领取失业保险金。邓某伟在科斯迈公司工作不满一年，不满足领取失业金的条件。第二，科斯迈公司虽然存在延迟缴纳的行为，但在欠缴之月起一年内进行了及时补缴，依照法律及重庆市地方性法规的规定，其补缴行为是法律法规所允许的，原告未能对科斯迈公司导致其未能领取失业保险待遇的原因及损失大小进行充分举证，对其请求，法院不予支持。

（三）律师评析

1. 失业保险金的领取条件及标准

第一，失业人员领取失业保险金需要满足相应法定条件。所在单位和本人已按照规定履行缴费义务满一年；非因本人意愿中断就业并已经办理失业登记有求职要求。这意味着职工在用人单位工作时间至少满一年。职工在入职新单位后三十日内应当及时确认用人单位是否按时足额缴纳社会保险费。

第二，失业保险金领取应当遵从法定标准。根据《失业保险条例》第十七条、第十八条规定："失业人员失业前所在单位和本人按照规定累计缴费时间满1年不足5年的，领取失业保险金的期限最长为12个月；累计缴费时间满5年不足10年的，领取失业保险金的期限最长为18个月；累计缴费时间10年以上的，领取失业保险金的期限最长为24个月。重新就业后，再次失业的，缴费时间重新计算，领取失业保险金的期限可以与前次失业应领取而尚未领取的失业保险金的期限合并计算，但是最长不得超过24个月。失业保险金的标准，按照低于当地最低工资标准、高于城市居民最低生活保障标准的水平，由省、自治区、直辖市人民政府确定。"

　　2. 失业人员主张失业保险金损失赔偿的认定及处理

　　对于因用人单位原因导致失业人员未能享受失业保险待遇，失业人员主张用人单位赔偿失业保险金的情况，司法实践中，法院审理该类案件重点探究失业人员不能享受失业保险待遇的原因是否为用人单位存在过错而导致失业人员不符合领取失业保险金的条件；以及用人单位过错与失业人员遭受损害之间是否存在因果关系。因此，根据民事诉讼证据规则，失业人员需要对未能领取失业保险待遇的原因及损失大小进行充分举证。而用人单位亦应当对其已经按时足额为职工缴纳社会保险费或在欠缴的法定期限内及时完成补缴、及时办理档案转档和离职手续未给职工造成损失进行证明。

（四）相关法条及司法解释

《中华人民共和国社会保险法》

　　第五十八条　用人单位应当自用工之日起三十日内为其职工向社会保险经办机构申请办理社会保险登记。未办理社会保险登记的，由社会保险经办机构核定其应当缴纳的社会保险费。

　　第六十三条　用人单位未按时足额缴纳社会保险费的，由社会保险费征收机构责令其限期缴纳或者补足。

《失业保险条例》

　　第十四条　具备下列条件的失业人员，可以领取失业保险金：

　　（一）按照规定参加失业保险，所在单位和本人已按照规定履行缴费义务满1年的；

　　（二）非因本人意愿中断就业的；

　　（三）已办理失业登记，并有求职要求的。

　　失业人员在领取失业保险金期间，按照规定同时享受其他失业保险待遇。

《重庆市失业保险条例》

　　第十九条　失业人员有下列情形之一的，不能享受失业保险待遇：

　　（一）单位及其职工没有按规定缴纳失业保险费的；

　　（二）从破产、撤销、关闭、改制国有企业、事业单位自愿选择领取了一次性安置费的；

（三）有法律、行政法规规定的其他情形的。

单位及其职工自欠缴之月起一年内清缴了所欠失业保险费与滞纳金的，失业人员自清缴次月起可享受失业保险待遇。

《重庆市失业保险条例实施办法》

第十二条 单位和职工所欠缴的失业保险费，由单位与当地失业保险经办机构和地方税务机关签订欠费补缴协议，按协议约定补缴。从签订协议之日起，单位及其职工在一年内清缴了所欠失业保险费与滞纳金的，失业人员从单位清缴欠费次月起，可按规定享受失业保险待遇；单位逾期不缴纳的，失业人员不能享受失业保险待遇，由此给失业人员造成的损失，由单位负责赔偿。

《中华人民共和国民事诉讼法》

第六十四条 当事人对自己提出的主张，有责任提供证据。

当事人及其诉讼代理人因客观原因不能自行收集的证据，或者人民法院认为审理案件需要的证据，人民法院应当调查收集。

人民法院应当按照法定程序，全面地、客观地审查核实证据。

第十一章　福利待遇纠纷

一、福利待遇纠纷概述

福利待遇是用人单位为留用和激励员工，以货币、实物或其他各种待遇形式向员工履行的给付。主要由各用人单位根据自身条件决定，通常包括员工持股计划、商业保险、福利休假制度、团建旅行、供养直系亲属福利、节日慰问、特殊员工慰问，以及住房、交通、餐饮、防暑、取暖、通信、健康等各类补贴。

司法实践中，针对福利待遇性质以及数额认定方面的争议往往伴随其他劳动人事纠纷而产生，例如在追索劳动报酬、经济补偿纠纷中，员工往往将福利待遇中的部分"货币给付型"福利纳入经济补偿计算基数，或主张这部分金额属于工资的组成部分，应予补足。此外，对于尚未实现但企业已附条件承诺的既得利益，在条件成就或部分成就的前提下，职工也有可能主张享有这部分利益。以下将通过案例形式对福利待遇纠纷常见争议进行解读。

二、单位职工及退休职工住房供暖费报销福利待遇的承担

（一）典型案例

☞ **蔡某焕与北京京港物业发展有限公司福利待遇纠纷**[1]

【关键词】福利待遇　供暖费

---

[1]　（2014）朝民初字第 17771 号。

| 基本案情 |

原告：蔡某焕；被告：北京京港物业发展有限公司。

原告蔡某焕（以下简称原告）与被告北京京港物业发展有限公司（以下简称被告）福利待遇纠纷一案，由北京市朝阳区人民法院受理，公开开庭进行了审理。

原告为被告退休职工。2010 年之前被告一直负担原告所有的位于北京市朝阳区甘露西园×号楼×单元 305 号房屋（以下简称 305 号房屋）的供暖费，但被告自 2010 年后不同意再负担。2014 年 2 月 12 日，原告将 305 号房屋（建筑面积为 58.51 平方米）过户至第三人名下，另同日位于北京市朝阳区甘露西园×号楼×单元 1203 号房屋（以下简称 1203 号房屋，建筑面积为 49.89 平方米）被登记于原告名下。2014 年 2 月 28 日，原告自行缴纳了 1203 号房屋的 2013 年至 2014 年的供暖费 1197.36 元。

| 裁判结果 | 审裁判结果：（1）被告北京京港物业发展有限公司于本判决生效之日起七日内支付原告蔡某焕人民币一千一百九十七元三角六分。（2）如果未按本判决指定的期间履行给付金钱义务的，应当依照《民事诉讼法》第二百五十三条之规定，加倍支付迟延履行期间的债务利息。（3）案件受理费 5 元，由被告北京京港物业发展有限公司负担（自本判决生效之日起 7 日内交纳）。

| 裁判依据 | 一审法院认为，原告退休后虽被移交至社保中心，并由社保中心统一支付养老金，但劳动关系的解除并不能否定其系被告退休职工的身份；原告与被告虽未签订相关协议约定由被告承担其供暖费，但其在职期间及退休后一段期间内的供暖费仍由被告负担，故被告实际向原告提供了负担供暖费的福利待遇，现被告要求取消该项福利，缺乏正当充分的理由，从劳动者退休待遇不降低的角度出发，被告仍应承担原告的供暖费；虽然被告主张原告居住地址变更后，其不再继续承担供暖费，但被告未就其与原告有此约定而举证，且变更后的房屋建筑面积小于原房屋，其所支出的供暖费用亦有所减少，故被告仍应为原告负担供暖费。现原告要求被告负担 2013 年至 2014 年度供暖费 1197.36 元，不超过有关标准，符合有关规定，法院予以支持。

（二）裁判旨要

用户与供热单位签订合同的，由合同约定的交费人支付采暖费。未签订合同的，由房屋所有权人或者承租政府规定租金标准公有住房的承租人按照规定支付采暖费。采暖费由用户所在单位负担的，单位应当负担。目前情况下，在职工获得直接补贴之前，原由所在单位负担的供暖费，仍以继续由所在单位负担为宜。

（三）律师评析

1. 福利待遇属于约定事由而非法定义务

用人单位是否给予本单位职工及退休职工住房供暖费报销的福利待遇，属企业经营管理自主权范畴。供暖费作为一种福利待遇，可以作为合同的内容进行约定。劳动者与用人单位就取暖费等福利待遇进行了约定，并具有相关文件予以认定，此时出现用人单位拒绝为本单位职工及退休职工承担供暖费的，劳动者可以用人单位未支付供暖费为由，提起诉讼。

2. 劳动关系的解除不能作为取消负担供暖费福利待遇的合法事由

目前情况下，在职工获得直接补贴之前，原由所在单位负担的供暖费，仍以继续由所在单位负担为宜。职工退休后虽被移交至社保中心，并由社保中心统一支付养老金，但劳动关系的解除并不能否定其系被告退休职工的身份，无正当充分理由，被告不能擅自取消继续承担供暖费的福利待遇。如劳动者居住地址发生变更，应当及时通知用人单位并就是否继续承担供暖费事宜进行确认。用人单位不能就居住地址变更后不再继续承担供暖费问题与劳动者进行约定进行举证的，应当在负担标准内继续承担供暖费。

（四）相关法条及司法解释

《北京市供热采暖管理办法》

第十七条　用户与供热单位签订合同的，由合同约定的交费人支付采暖费。未签订合同的，由房屋所有权人或者承租政府规定租金标准公有住房的承租人按照规定支付采暖费。

采暖费由用户所在单位负担的，单位应当负担。

三、各类补贴归属于福利待遇还是工资组成部分的认定

（一）典型案例

☞ 戴某耀与沪东中华造船（集团）有限公司福利待遇纠纷[2]

【关键词】福利待遇 交通费

- -

| 基本案情 |

原告：戴某耀；被告：沪东中华造船（集团）有限公司。

原告戴某耀与被告沪东中华造船（集团）有限公司福利待遇纠纷一案，上海市浦东新区人民法院于 2013 年 9 月 30 日立案受理后，依法适用简易程序。原告诉讼请求为：（1）2013 年 1 月 16 日至 2013 年 6 月 30 日期间的伙食补贴差额 800 元（50 元/日×16 日）；（2）疗养及体检交通费 50 元。

原告系被告公司员工，双方签有无固定期限劳动合同。2013 年 1 月 16 日至 2013 年 6 月 30 日期间，原告被派往长兴岛工作，上班时间为 7 时 30 分至 16 时 30 分，11 时 10 分至 12 时 10 分休息。被告每周为在长兴岛工作的员工提供两次班车：第一次为每周首个工作日（通常为周一），员工需于 7 时 30 分至位于浦东大道的厂部刷卡考勤，班车于 9 时发车，9 时 50 分左右到达长兴岛；第二次为每周最后一个工作日 16 时 30 分下班后，班车由长兴岛开往浦东大道厂部。被告要求员工在长兴岛上下班时均需打卡考勤。2013 年 1 月 16 日至 2013 年 6 月 30 日期间，原告在长兴岛考勤满 9 小时的为 71 天，被告以 50 元/天的标准向其支付伙食补贴（上岛费）；在长兴岛上班考勤记录满 4 小时不足 9 小时的为 10 天（均为每周首个工作日），被告每天给予 25 元伙食补贴；在长兴岛只有下班考勤，没有上班考勤的为 10 天，被告未支付伙食补贴；在长兴岛只有上班考勤，没有下班考勤的为 1 天，被告未支付伙食补贴。上述期间，被告共计支付原告伙食补贴 3800 元。2013 年 1 月 16 日至 2013 年 6 月 30 日期间的每周首个工作日，被告均以 25 元/天的标准向原告所在班组的其他成员（亦在长兴岛工作）

- -

[2] （2013）浦民一（民）初字第 34623 号。

支付伙食补贴。2013 年 8 月 6 日，原告申请仲裁，除本案诉请外，另要求被告支付原告因仲裁及法院诉讼产生的往返长兴岛的交通费 50 元/天。上海市浦东新区劳动人事争议仲裁委员会于 2013 年 9 月 22 日作出裁决，不予支持原告的请求。原告不服该裁决，遂诉至上海市浦东新区人民法院。

｜**裁判结果**｜一审判决：驳回原告诉讼请求。

｜**裁判依据**｜一审法院认为，根据本案查明的事实，被告实际执行的伙食补贴发放标准为：员工在长兴岛连续考勤记录不满 4 小时，无伙食补贴；连续考勤记录在 4 小时以上不满 9 小时，伙食补贴为 25 元/天；连续考勤记录满 9 小时，伙食补贴为 50 元/天。该标准并无悖于法律之处，本院对其效力予以确认。2013 年 1 月 16 日至 2013 年 6 月 30 日期间，原告在长兴岛上班时间考勤不足 4 小时的有 11 天，被告不支付其伙食补贴并无不当；其间原告在长兴岛上班时间满 4 小时不足 9 小时的有 10 天，被告支付其 25 元/天的伙食补贴亦无不当。因此，原告要求被告支付系争期间伙食补贴差额的诉请缺乏依据，法院不予支持。原告并未提供证据证明曾与被告就交通费进行过约定，亦未提供相应的发票或凭证证明该交通费已实际发生，故法院对其要求被告支付交通费 50 元的诉请亦不予支持。

（二）裁判旨要

用人单位应当创造条件，提高劳动者的福利待遇。但同时，福利待遇的具体种类、支付标准及发放条件属经营自主权的范围，用人单位有权自行决定。劳动者并未提供证据证明曾与用人单位就交通费进行过约定，亦未能提供证据证明交通费已实际发生或已经达到领取补贴的条件，法院对其主张不予支持。

（三）律师评析

1. 固定发放非实报实销补贴被认定属于工资组成部分

首先应当明确用人单位为员工提供的货币给付型福利为按时固定发放还是实报实销。该问题的认定直接影响到福利待遇的性质。一旦用人单位为员工提供的货币给付型福利被认定为工资的组成部分，不仅会使公司面临给付差额的义务，还会增加经济补偿的计算基数。[3]

2. 劳动者针对各类补贴形式给付的福利待遇的举证责任

劳动者主张用人单位给付福利待遇应当进行初步举证，有关证据属于用人单位掌握管理的，由用人单位承担举证责任。劳动者应当尽量向法院提供与用人单位曾就各类补贴发放形式进行约定的证明，如劳动合同、公司规章制度、部门制度。如无书面约定，亦可提供用人单位报销审批单，以及相应票据凭证证明交通费、餐补已实际发生。律师建议劳动者加强证据意识，在平时工作中注意保留备份相关证据。

（四）相关法条及司法解释

《中华人民共和国劳动法》

第七十六条　国家发展社会福利事业，兴建公共福利设施，为劳动者休息、休养和疗养提供条件。

用人单位应当创造条件，改善集体福利，提高劳动者的福利待遇。

---

〔3〕　参见汪姣钰、张新翰：《福利待遇，争议频频为哪般》，载《人力资源》2020 年第 19 期。

第十二章　人事争议

一、人事争议概述

人事争议是 2008 年《民事案件案由规定》增加的一类案由。它是适应我国人事制度改革，解决人事争议的需要而新开展的审判领域。人民法院在此之前只受理劳动者与用人单位之间的劳动争议案件，不受理人事争议案件。但是，根据我国实践中形势发展的需要，最高人民法院为使有关人事争议纠纷能够得到司法救济，于 2003 年 8 月 27 日公布了《关于人民法院审理事业单位人事争议案件若干问题的规定》（法释〔2003〕13 号）。该司法解释的制定和实施确立了人民法院审理经过人事仲裁机构裁决的人事争议案件的权利，为确定人民法院审理事业单位人事争议案件范围和法律适用提供了依据，对规范人民法院对事业单位人事争议案件的审理、促进人事争议仲裁工作的发展具有重要意义。辞职争议是指聘任制公务员、军队文职人员、事业单位工作人员因辞职与单位发生的争议。因辞职争议提起的诉讼，一般由被告住所地人民法院管辖。

对于辞职争议类案件而言，原告多为事业单位的工作人员，人民法院在审判时不仅注重实体问题，也注重程序上的问题，特别是在认定人事关系时格外严谨，司法机关紧紧围绕《劳动法》及《劳动争议调解仲裁法》进行事实和法律的分析。

二、事业单位工作人员因辞职遭受损失的维权

一个劳动者可能会与事业单位因辞职产生争议，这种情况发生纠纷后，是否

及时提起诉讼对于维护劳动者一方的权益而言非常重要,很多时候会因超过诉讼时效而丧失申诉权。展某刚与天津评剧院辞职争议二审案就是一个典型的案例。

(一) 典型案例

☞ 展某刚与天津评剧院辞职争议二审案[1]

【关键词】 事业单位　人事关系

| 基本案情 |

上诉人 (原审原告):展某刚;被上诉人 (原审被告):天津评剧院。

上诉人展某刚因人事争议纠纷一案,不服天津市河西区人民法院作出的 (2014) 西民二初字第 348 号民事判决,向天津市第二中级人民法院提起上诉。本案现已审理终结。

经审理查明,二审法院查明的事实与原审法院查明的事实一致。

原审法院查明,被告天津评剧院为事业单位,原告展某刚于 1979 年 10 月入职被告处,人员编制类型为事业编制。1997 年 8 月,被告为原告办理了人事档案转移手续,转至天津市和平区人才交流服务中心。被告向原告发放工资至 1997 年 7 月。经询,原告自行缴纳了退休前两年的社会保险,并从天津市和平区人才交流服务中心办理了病退手续,已于 2013 年 12 月开始享受养老保险待遇。原告认为 1997 年被告是无故将原告开除的,并停发了自己的工资,后原告被迫离岗。2013 年 11 月 11 日,原告向天津市劳动人事争议仲裁委员会申请仲裁,要求与被告恢复人事关系,仲裁委以不属于劳动人事争议受理范围为由不予受理。后原告又诉至河西区人民法院,河西区人民法院 2014 年 3 月 12 日一审判决驳回原告要求恢复与被告人事关系的诉讼请求。原告继续上诉,天津市第二中级人民法院 2014 年 4 月 30 日作出终审裁定,准予原告展某刚撤回上诉,双方均按原判决执行。2014 年 3 月 27 日原告展某刚另行以被告天津评剧院为被申请人,向天津市劳动人事争议仲裁委员会申请仲裁,要求赔偿相应金额。仲裁委于 2014 年 3 月 31 日作出津劳人仲不字 (2014) 第 21 号不予受理案件通知书。原告不服,诉至原审法院。

----

[1] 天津市第二中级人民法院 (2014) 二中速民终字第 1328 号。

原告展某刚诉讼请求：由于被告无故转移原告的人事关系造成的损害，要求被告给付原告赔偿 989938 元。

|裁判结果| 一审裁判结果：依据《劳动争议调解仲裁法》第二十七条第一款、《最高人民法院关于人民法院审理事业单位人事争议案件若干问题的规定》第一条、第二条、第三条之规定，判决驳回原告展某刚的诉讼请求。案件受理费 10 元，由原告展某刚负担。

展某刚不服，提起上诉。

二审裁判结果：驳回上诉，维持原判。

|裁判依据| 一审法院认为，事业单位与其工作人员之间因辞职、辞退及履行聘用合同所发生的争议，程序适用《劳动法》的相关规定，实体处理适用人事方面的法律规定，在人事法律中没有规定的，适用《劳动法》。本案中，原告展某刚原系被告处事业编制工作人员，1997 年 8 月原告的人事档案被转至天津市和平区人才交流服务中心，即使按照原告自认，其 1997 年年底之后再未到被告处实际工作，可见双方之间多年来不存在权利义务关系，双方之间的人事关系已经失去了存在的基础，可以认定双方之间的人事关系已经实际解除。原告主张要求被告按照天津市历年社会平均工资支付原告工资 528798 元、支付单位应缴纳的社会保险 236901 元、支付医药费 224239 元等合计为 989938 元，没有事实依据。《劳动争议调解仲裁法》第二十七条第一款规定："劳动争议申请仲裁的时效期间为 1 年。仲裁时效期间从当事人知道或者应当知道其权利被侵害之日起计算。"原告长期与被告脱离人事关系，从原告主张多年的医疗费可以得知原告理应知道其权利可能受到侵害的情况，退一步讲，原告庭审中自认 2012 年年底经查询得知原告的人事关系早已被转移至天津市和平区人才交流服务中心，原告于 2014 年 3 月 27 日才就本案争议事项提出仲裁申请，早已过仲裁时效期间。据此，原告主张既没有事实依据，也没有法律依据，故对原告的主张不予支持。

被上诉人天津评剧院表示原审认定事实清楚，适用法律正确，同意原审判决，不同意上诉人上诉请求，要求驳回上诉，维持原判。

二审法院认为，在原审庭审中，上诉人认可其于 2012 年年底经查询得知其人事关系早已被转移至天津市和平区人才交流服务中心。现上诉人主张被上诉人 1997 年 8 月无故转移其的人事关系给其造成损害，要求被上诉人赔偿 989938 元，其请求已经超出法律规定的时效，且不能证明存在时效中止、中断的情形，其请求亦无事实和法律依据,故本院对其上诉请求不予支持。综上,依照《民事诉讼法》第一百六十九条第一款、第一百七十条第一款第(一)项之规定,作出终审判决,判决驳回上诉,维持原判。二审案件受理费 10 元,由上诉人展某刚负担。

(二)裁判旨要

若双方之间存在人事关系,那么当事人的合法权益就应受到法律的保护。当事人认可其于 2012 年年底经查询得知其人事关系已被转移至天津市和平区人才交流服务中心,其现在的请求已经超出法律规定的时效,且不能证明存在时效中止、中断的情形,其请求亦无事实和法律依据,故法院对其请求不予支持。

(三)律师评析

1. 准确定位争议类型

本案涉及人事关系是在多年前已经发生转移的原事业单位工作人员与其原单位之间发生的争议。事业单位与其工作人员之间因辞职、辞退及履行聘用合同所发生的争议,争议解决的程序适用《劳动法》的相关规定,实体处理适用人事方面的法律规定,在人事法律中没有规定的,适用《劳动法》。

2. 事业单位工作人员因辞职争议而遭受损失应及时维权

很多情况下即便事业单位工作人员与事业单位存在人事关系,也会因为超过诉讼时效而丧失胜诉权。本案在事实方面,原告自 1997 年年底之后再未到被告单位处实际工作,可见双方之间多年来不存在权利义务关系,双方之间的人事关系已经失去了存在的基础,可以认定双方之间的人事关系已经实际解除。在法律方面,当事人在庭审中认可其于 2012 年年底经查询得知其人事关系早已被转移至天津市和平区人才交流服务中心,现在当事人主张原单位 1997 年 8 月无故转移其的人事关系给其造成损害,要求赔偿,该请求已经超出法律规定的时效,且不能证明存在时效中止、中断的情形。因此,即便并非自愿辞职且确实无故转移人事关系,也应当及时提起诉讼来维护切身利益,否则会因超过诉讼时效而丧失胜诉权。

（四）相关法条及司法解释

《中华人民共和国劳动法》

第一条 为了保护劳动者的合法权益，调整劳动关系，建立和维护适应社会主义市场经济的劳动制度，促进经济发展和社会进步，根据宪法，制定本法。

第二条 在中华人民共和国境内的企业、个体经济组织（以下统称用人单位）和与之形成劳动关系的劳动者，适用本法。

国家机关、事业组织、社会团体和与之建立劳动合同关系的劳动者，依照本法执行。

第七十七条 用人单位与劳动者发生劳动争议，当事人可以依法申请调解、仲裁、提起诉讼，也可以协商解决。

调解原则适用于仲裁和诉讼程序。

第七十九条 劳动争议发生后，当事人可以向本单位劳动争议调解委员会申请调解；调解不成，当事人一方要求仲裁的，可以向劳动争议仲裁委员会申请仲裁。当事人一方也可以直接向劳动争议仲裁委员会申请仲裁。对仲裁裁决不服的，可以向人民法院提起诉讼。

《中华人民共和国劳动争议调解仲裁法》

第二条 中华人民共和国境内的用人单位与劳动者发生的下列劳动争议，适用本法：

（一）因确认劳动关系发生的争议；

（二）因订立、履行、变更、解除和终止劳动合同发生的争议；

（三）因除名、辞退和辞职、离职发生的争议；

（四）因工作时间、休息休假、社会保险、福利、培训以及劳动保护发生的争议；

（五）因劳动报酬、工伤医疗费、经济补偿或者赔偿金等发生的争议；

（六）法律、法规规定的其他劳动争议。

第二十七条 劳动争议申请仲裁的时效期间为一年。仲裁时效期间从当事人知道或者应当知道其权利被侵害之日起计算。

前款规定的仲裁时效，因当事人一方向对方当事人主张权利，或者向有关部门请求权利救济，或者对方当事人同意履行义务而中断。从中断时起，仲裁时效期间重新计算。

因不可抗力或者有其他正当理由，当事人不能在本条第一款规定的仲裁时效期间申请仲裁的，仲裁时效中止。从中止时效的原因消除之日起，仲裁时效期间继续计算。

劳动关系存续期间因拖欠劳动报酬发生争议的，劳动者申请仲裁不受本条第一款规定的仲裁时效期间的限制；但是，劳动关系终止的，应当自劳动关系终止之日起一年内提出。

三、辞退争议概述

辞退争议是指聘任制公务员、军队文职人员、事业单位工作人员因辞退与单位发生的争议。辞退争议属于人事争议的第二种类型，因辞退争议提起的诉讼，一般由被告住所地人民法院管辖。

《最高人民法院关于人民法院审理事业单位人事争议案件若干问题的规定》（法释〔2003〕13号）第一条规定："事业单位与其工作人员之间因辞职、辞退及履行聘用合同所发生的争议，适用《中华人民共和国劳动法》的规定处理。"

四、事业单位以员工失职为由主张解除聘用合同应证明其员工存在失职行为

在单位与员工的关系中，单位一方天然处于一种强势地位，事业单位往往针对其员工没有按照要求履行职责、达到失职条件为由要求解除双方的聘用合同，但是事业单位一方必须有足够充分的证据来证明员工确实失职，否则就不能无故解除聘用合同，而是必须继续履行并保证劳动者的权益。北京市国土资源局机关后勤服务中心与金某辞退争议二审案就是一个典型的案例。

（一）典型案例

☞ 北京市国土资源局机关后勤服务中心与金某辞退争议二审案[2]
【关键词】聘用合同　继续履行

---

[2]　北京市第二中级人民法院（2015）二中民终字第07406号。

发〔2002〕50号）精神及双方签订的《北京市事业单位聘用合同书》第十三条第二款、第四款的规定作出《关于解除与金某同志聘用合同的决定》。同年7月，金某工资被停发。

庭审中，国土资源局服务中心提交证据：（1）租户白某颖提供的金某开具的收据，证明金某未将收取的租金及时入账，存在失职行为；（2）北京市丰台区人民法院（2013）丰民初字第20293号民事判决书及本院（2014）二中民终字第04997号民事判决书，证明金某的失职行为；（3）年度考核登记表（2013年度），证明对金某失职行为的认定；（4）《关于解除与金某同志聘用合同的决定》《关于解除金某同志聘用合同通知书》《2014年市国土局机关服务中心发文登记表》，证明国土资源局服务中心通知金某解职；（5）2013年7月至2014年6月期间金某的台账表。

金某认可证据（1）的真实性，但不认可其证明目的。金某认为证据（2）为北京市京房宾馆物业管理部与北京太宇恒星科贸有限公司的房屋租赁合同纠纷判决书，与本案无关。金某认可证据（3）是其亲笔签名，但不认可其真实性及证明目的。金某不认可《关于解除与金某同志聘用合同的决定》《关于解除金某同志聘用合同通知书》的真实性，认可发文登记表中的签名为其所签。金某认可证据（5）的真实性。

金某提交证据（1）2013年10月至2014年6月工资发放表，证明其工资标准；（2）北京京安拓普文书司法鉴定中心京安拓普（2014）鉴（文）字第136号司法鉴定意见书，证明《关于补缴白某颖房租费用说明》中交费人的签名不是其所签。该意见书鉴定意见为：检材上的签名字迹"金某"与样本上金某的签名字迹不是同一人所写。国土资源局服务中心认可证据（1）的真实性，不认可其证明；不认可证据（2）的鉴定结论。

另查，金某向北京市人事争议仲裁委员会申请仲裁，要求：（1）继续履行聘用合同，恢复原岗位；（2）补齐2013年10月至12月、2014年1月至今所欠工资薪金和滞纳金。2015年1月27日，北京市人事争议仲裁委员会裁决：（1）国土资源局服务中心继续与金某履行2013年12月20日签订的聘用合同；（2）国土资源局服务中心支付金某2014年7月至2015年1月21日期间工资14238元；（3）驳回金某其他仲裁申请和请求。仲裁中涉及的鉴定费用2000元，已由金某先行垫付。国土资源局服务中心于裁决书生效后给付金某鉴定费用2000元。国土资源局服务中心不服该仲裁裁决，诉至原审法院。

上述事实，有《北京市事业单位聘用合同书》、《关于解除与金某同志聘用合同的决定》、《关于解除金某同志聘用合同通知书》、《2014 年市国土局机关服务中心发文登记表》、台账表、京安拓普（2014）鉴（文）字第 136 号司法鉴定意见书、京人仲字（2014）第 29 号裁决书及当事人的陈述等证据在案佐证。

二审法院认为：当事人对自己提出的诉讼请求所依据的事实有责任提供证据加以证明。没有证据或者证据不足以证明当事人的事实主张的，由负有举证责任的当事人承担不利后果。国土资源局服务中心主张金某的失职行为达到了其中心与金某解除聘用合同的条件，金某不认可，国土资源局服务中心提交的《关于补缴白某颖房租费用说明》经鉴定"金某"的签字并非金某本人书写，国土资源局服务中心虽对鉴定结论不认可，但并未就此提供反驳性证据，故本院对国土资源局服务中心的主张不予采信。国土资源局服务中心在未提交充足证据证明金某存在失职行为的情况下，以此为由与金某解除聘用合同，依据不足，原审法院判决国土资源局服务中心与金某继续履行聘用合同及国土资源局服务中心支付金某工资并无不妥。综上，国土资源局服务中心的上诉请求，依据不足，本院不予支持。

| 裁判结果 | 一审判决：（1）北京市国土资源局机关后勤服务中心与金某继续履行二〇一三年十二月二十日签订的《北京市事业单位聘用合同书》；（2）自判决生效之日起七日内，北京市国土资源局机关后勤服务中心支付金某二〇一四年七月至二〇一五年一月二十一日期间工资一万四千二百三十八元。如果未按判决指定的期间履行给付金钱义务，应当依照《民事诉讼法》第二百五十三条之规定，加倍支付迟延履行期间的债务利息。

二审裁定：驳回上诉，维持原判。

| 裁判依据 | 二审法院认为，当事人对自己提出的诉讼请求所依据的事实有责任提供证据加以证明。国土资源局服务中心主张金某的失职行为达到了其中心与金某解除聘用合同的条件，但其提交的《关于补缴白某颖房租费用说明》经鉴定"金某"的签字并非金某本人书写，虽对鉴定结论不认可，但国土资源局服务中心并未就此提供反驳性证据，故法院未采信国土资源局服务中心的主张。

（二）裁判旨要

当事人对自己提出的诉讼请求所依据的事实有责任提供证据加以证明。没有证据或者证据不足以证明当事人的事实主张的，由负有举证责任的当事人承担不利后果。国土资源局服务中心主张金某的失职行为达到了其中心与金某解除聘用合同的条件，金某不认可，国土资源局服务中心提交的《关于补缴白某颖房租费用说明》经鉴定"金某"的签字并非金某本人书写，国土资源局服务中心虽对鉴定结论不认可，但并未就此提供反驳性证据，故本院对国土资源局服务中心的主张不予采信。国土资源局服务中心在未提交充足证据证明金某存在失职行为的情况下，以此为由与金某解除聘用合同，依据不足，原审法院判决国土资源局服务中心与金某继续履行聘用合同及国土资源局服务中心支付金某工资并无不妥。

（三）律师评析

1. 辞退争议的司法实践中，单位一方的举证责任较大，若单位主张员工失职等原因而辞退员工或解除聘用合同，需要充分举证，若举证不能则承担不利后果

当事人对自己提出的诉讼请求所依据的事实或者反驳对反诉讼请求所依据的事实有责任提供证据加以证明。没有证据或者证据不足以证明当事人事实主张的，由负有举证责任的当事人承担不利后果。国土资源局服务中心主张金某的失职行为达到了其中心与金某解除聘用合同的条件，金某不认可，国土资源局服务中心提交的《关于补缴白某颖房租费用说明》经鉴定"金某"的签字并非金某本人书写，国土资源局服务中心虽对鉴定结论不认可，但并未就此提供反驳性证据，法院对国土资源局服务中心的主张不予采信。国土资源局服务中心在未提交充足证据证明金某存在失职行为的情况下，以此为由与金某解除聘用合同，依据不足，原审法院判决国土资源局服务中心与金某继续履行聘用合同及国土资源局服务中心支付金某工资并无不妥。

2. 关键证据的采纳与否影响全案

上述案件中，国土资源局服务中心提交了《关于补缴白某颖房租费用说明》，但是经过鉴定"金某"的签字并非金某本人书写，国土资源局服务中心虽

对鉴定结论不认可，但并未就此提供反驳性证据，故法院对国土资源局服务中心的主张不予采信。

（四）相关法条及司法解释

《中华人民共和国劳动法》

　　第一条　为了保护劳动者的合法权益，调整劳动关系，建立和维护适应社会主义市场经济的劳动制度，促进经济发展和社会进步，根据宪法，制定本法。

　　第二条　在中华人民共和国境内的企业、个体经济组织（以下统称用人单位）和与之形成劳动关系的劳动者，适用本法。

　　国家机关、事业组织、社会团体和与之建立劳动合同关系的劳动者，依照本法执行。

　　第七十七条　用人单位与劳动者发生劳动争议，当事人可以依法申请调解、仲裁、提起诉讼，也可以协商解决。

　　调解原则适用于仲裁和诉讼程序。

　　第七十九条　劳动争议发生后，当事人可以向本单位劳动争议调解委员会申请调解；调解不成，当事人一方要求仲裁的，可以向劳动争议仲裁委员会申请仲裁。当事人一方也可以直接向劳动争议仲裁委员会申请仲裁。对仲裁裁决不服的，可以向人民法院提起诉讼。

《中华人民共和国劳动争议调解仲裁法》

　　第二条　中华人民共和国境内的用人单位与劳动者发生的下列劳动争议，适用本法：

　　（一）因确认劳动关系发生的争议；

　　（二）因订立、履行、变更、解除和终止劳动合同发生的争议；

　　（三）因除名、辞退和辞职、离职发生的争议；

　　（四）因工作时间、休息休假、社会保险、福利、培训以及劳动保护发生的争议；

　　（五）因劳动报酬、工伤医疗费、经济补偿或者赔偿金等发生的争议；

　　（六）法律、法规规定的其他劳动争议。

　　第二十七条　劳动争议申请仲裁的时效期间为一年。仲裁时效期间从当事人知道或者应当知道其权利被侵害之日起计算。

　　前款规定的仲裁时效，因当事人一方向对方当事人主张权利，或者向有关部门请求权利救济，或者对方当事人同意履行义务而中断。从中断时起，仲裁时效期间重新计算。

因不可抗力或者有其他正当理由，当事人不能在本条第一款规定的仲裁时效期间申请仲裁的，仲裁时效中止。从中止时效的原因消除之日起，仲裁时效期间继续计算。

劳动关系存续期间因拖欠劳动报酬发生争议的，劳动者申请仲裁不受本条第一款规定的仲裁时效期间的限制；但是，劳动关系终止的，应当自劳动关系终止之日起一年内提出。

五、聘用合同争议概述

聘用合同争议属于人事争议的第三种类型，它是指聘任制公务员、军队文职人员、事业单位工作人员因履行聘用合同与单位发生的争议。这一类型争议不同于辞职争议、辞退争议的地方在于事业单位与工作人员已经订立了聘用合同。

因聘用合同争议提起的诉讼，一般由被告住所地人民法院管辖，劳动合同履行地人民法院也有管辖权。

六、事业单位与工作人员的聘用合同争议，事业单位不得以自身属于事业单位性质或有其内部规定进行抗辩

北京商报社与陈某聘用合同争议二审案就是一个典型的案例。

（一）典型案例

☞ 北京商报社与陈某聘用合同争议二审案[3]

【关键词】聘用合同　事业单位

| 基本案情 |

上诉人（原审原告）：北京商报社；被上诉人（原审被告）：陈某。

上诉人北京商报社因与被上诉人陈某人事争议一案，不服北京市朝阳区人

---

〔3〕 北京市第三中级人民法院（2016）京 03 民终 12907 号。

民法院（2015）朝民初字第 45820 号民事判决，向北京市第三中级人民法院提起上诉。

北京商报社向一审法院起诉请求：判决北京商报社不支付陈某 2014 年 12 月工资 1560 元，不支付职工体检易货合同提成及天昊恒业公司广告业务提成 10787.42 元，不支付终止劳动合同关系经济补偿 19671.38 元，不支付 2014 年年终奖 9710.95 元，诉讼费由陈某承担。

一审法院认定事实：北京商报社主张陈某入职时间为 2005 年 6 月 1 日，陈某主张为 2005 年 5 月 16 日，双方未就此举证。北京商报社与陈某于 2009 年 1 月 1 日签订了《聘用合同书》，约定合同期限至 2009 年 12 月 31 日，陈某担任美术编辑，后双方将该合同续订至 2014 年 12 月 31 日。2014 年 12 月 11 日北京商报社向陈某发出《终止聘用合同通知书》，通知其聘用合同将于 2014 年 12 月 31 日终止。审理中，北京商报社主张双方系人事关系，并提交了《事业单位法人证书》及《组织机构代码证》等予以证明。

陈某称其月工资标准为北京市企业职工最低工资加提成。陈某主张其所完成的天昊恒业公司广告业务于 2012 年 1 月回款，应于次月发放提成 2900 元，其所完成的慈铭职工体检易货合同业务（合同签订时间为 2013 年 3 月 20 日）应得提成 7887.42 元，至其离职时才发现上述两项提成北京商报社未予支付，现要求支付。北京商报社认可上述提成金额，称天昊恒业公司广告业务的提成已于 2012 年 2 月工资中支付陈某，体检合同的提成因对方所付即为体检卡因此已将提成折算为体检卡给付陈某，未要求陈某签字，陈某不予认可。北京商报社提交了提成明细以证明其已支付天昊恒业公司广告业务提成。

关于年终奖，北京商报社称该单位 2012 年即规定陈某年度考核任务为 400000 元，之后历年没有变化，2014 年陈某完成任务 7 万余元，因此不能获得年终奖金。就此北京商报社提交了 2012 年 1 月 1 日起执行的《北京商报社广告部绩效考核管理办法》（打印件）予以证明，其中规定，每个经营年度内，经营人员的年度经营任务为每年 400000 元，完成年度经营任务，按报社标准发放年终奖，完成 30 万元及以上，按完成比例×报社标准发放年终奖，未完成 30 万元，不发放年终奖。陈某对其真实性不认可，称自其入职后每年北京商报社均向其发放年终奖，没有任务数。另北京商报社提交了 2015 年制订的《北京商报 2014 年度年终奖金发放办法》以证明陈某不应获得年终奖，其中规定年终奖金发放前聘用合同到期不再续签的人员不予发放年终奖金（第一条第三项）。陈某提出该文件在其离职后制订，对其不具有约束力。陈某提交的交易明细显示，

2012 年 1 月收到奖金 11625 元、2013 年 2 月收到 9700 元、2014 年 1 月收到 7807.85 元，陈某称此系 2011 年至 2013 年年终奖。

关于 2014 年 12 月工资，北京商报社主张已于 2014 年 12 月 8 日发放陈某，并提交了工资表，其称该单位上发薪，每月所发为当月工资及上月绩效。陈某不予认可。根据北京商报社提交的工资表，陈某 2014 年 1 月至 12 月的平均工资为 3843.94 元。

离职后陈某向北京市朝阳区劳动人事争议仲裁委员会申请仲裁，要求北京商报社支付违法终止劳动合同经济赔偿金、未签订无固定期限劳动合同双倍工资、2014 年 12 月工资及赔偿金、2014 年年终奖、提成及赔偿金、补缴社会保险。该仲裁委裁决北京商报社支付陈某 2014 年 12 月工资 1560 元、职工体检易货合同提成及天昊恒业公司广告提成 10787.42 元、年终奖 9710.95 元、终止劳动合同的经济补偿金 19713.82 元，驳回了陈某的其他请求。北京商报社不服该裁决诉至一审法院。

一审法院认为：因北京商报社具有事业单位法人证书且与陈某签订了聘用合同，可以确认双方系人事关系。根据北京商报社提交的工资表，其已支付陈某 2014 年 12 月工资，北京市朝阳区人民法院支持其要求不再支付的请求。关于天昊恒业公司的广告业务提成，应支付时间双方均认可为 2012 年 2 月，至陈某申请仲裁时已超过了法律规定的用人单位应当保存工资支付凭证的年限，且北京商报社主张已在 2012 年 2 月工资中支付，陈某认可收到当月绩效工资，但否认其中包含有此笔绩效，应当提供相反证据证明，其未就此提交充分有效的证据，北京市朝阳区人民法院支持北京商报社要求不再支付此笔绩效的请求。关于职工体检易货合同提成 7887.42 元，北京商报社称已以体检卡支付，但表示无支付凭证，北京市朝阳区人民法院对其陈述无法采信，因此北京商报社应予支付。2014 年 12 月 31 日北京商报社与陈某终止聘用合同，虽双方系人事关系，但依法应当比照《中华人民共和国劳动合同法》关于终止劳动合同的规定向陈某支付终止聘用合同的经济补偿。北京市朝阳区劳动人事争议仲裁委员会关于补偿金额的裁决未超过法律规定，北京商报社应按该金额支付。关于 2014 年年终奖，北京商报社提交了打印的《北京商报社广告部绩效考核管理办法》以证明陈某年度任务为 400000 元，因无陈某签字表示同意遵守的证据，陈某对其真实性不予认可，北京市朝阳区人民法院无法采信。北京商报社又提交了陈某离职后制订的《北京商报 2014 年度年终奖金发放办法》以证明因陈某未续签聘用合同不应获得年终奖，因其在陈某离职后制订，对陈某不应具有约束力。考虑到北京商报社历年均向陈某支付年终奖，年终奖为陈某重要的工资组成部分，陈某已完成全年工作，北京商报社未对陈某进行 2014 年的考核责任不在于陈某，因此北京市朝阳区人民法院不支持北京商报社要求不支付陈某年终奖的请求。陈某要求北京商报社按照离职前 3 年的平均年终奖金额支付 2014 年年终奖，亦属合理，北京市朝阳区人民法院予以支持。

| 裁判结果 | 一审法院判决：（1）北京商报社于判决生效后 7 日内支付陈某职工体检易货合同提成 7887.42 元；（2）北京商报社于判决生效后 7 日内支付陈某终止聘用合同的经济补偿 19713.82 元；（3）北京商报社于判决生效后 7 日内支付陈某 2014 年年终奖 9710.95 元；（4）北京商报社无须支付陈某 2014 年 12 月工资 1560 元；（5）北京商报社无须支付陈某天昊恒业公司广告提成 2900 元；（6）驳回北京商报社的其他诉讼请求。

二审裁判结果：驳回上诉，维持原判。

| 裁判理由 | 经审理查明：二审诉讼期间，北京商报社向本院提交记账凭证和发放明细表，证明 2014 年的年终奖金是在 2015 年 2 月份发放的，北京商报社意图证明与该社一审提交的发放时间和发放办法相佐证。陈某的质证意见是：真实性认可，发放时间没问题，历年都是在春节前，1、2 月份发放，这是对上一年工作的认可。其主张的是根据三年平均值计算的，比应发放的少。

陈某向二审法院提交以下证据：北京市工商局网站打印的北京商报社工商信息，证明北京商报社有企业身份。北京商报社的质证意见是：真实性认可，北京商报社有企业身份，但也是事业单位。

二审法院查明的其他事实与一审法院查明的一致。

北京商报社上诉请求：（1）请求撤销一审判决第一项、第二项、第三项，改判支持北京商报社的一审诉讼请求；（2）由陈某承担本案一、二审诉讼费用。陈某辩称：服从一审判决，不同意北京商报社的全部诉讼请求，请求维持原判。

二审法院认为：综合双方庭审诉辩意见，本案的争议焦点有三：一为北京商报社是否应当支付陈某职工体检易货合同提成款；二为人事争议是否应当适用《劳动合同法》判决经济补偿金；三为北京商报社是否应当向陈某支付 2014 年年终奖。

对于争议焦点一，本案中，北京商报社对应当支付陈某职工体检易货合同提成款及提成款数额均无异议，北京商报社上诉认为该社已经向陈某发放完毕，但北京商报社无法提供发放的相应证据，而陈某对此予以否认。本院认为，北京商报社对所主张的事实无法举证，应当承担举证不能的不利后果，二审法院对北京商报社的该部分上诉理由不予采纳，一审法院该判项正确，应予维持。

对于争议焦点二，本案中，根据北京商报社提供的事业单位法人证书、聘用合同及相关网页打印件，一审法院认定陈某与北京商报社构成人事关系，本案为人事争议定性准确。但人事争议并非排除《劳动合同法》适用的理由。《中华人民共和国劳动合同法》第九十六条规定："事业单位与实行聘用制的工作人员订立、履行、变更、解除或者终止劳动合同，法律、行政法规或者国务院另有规定的，依照其规定；未作规定的，依照本法有关规定执行。"本案中，北京商报社并未向二审法院举证本案涉及的经济补偿金存在法律、行政法规或者国务院另有规定的情形，因此一审法院适用《劳动合同法》判决经济补偿金并无不当，且数额正确，应当予以维持。

对于争议焦点三，年终奖一节，二审法院认为：一般而言，年终奖是用人单位根据自身的经营状况通过其内部规章制度规定或劳动合同约定方式或其他方式，在一年年终对劳动者为单位工作发放的奖金。用人单位对于年终奖的发放及数额具有自主权，但需要指出的是自主权的行使应当遵循公平合理原则，如用人单位恣意行使以致劳动者的合法权益被侵犯，人民法院应当予以调整。

本案中，陈某在北京商报社的各个年度里均获得了年终奖，综合考虑到陈某的工资数额，能够看出年终奖已经是陈某劳动报酬的重要组成部分，2014年12月31日陈某与北京商报社多年的聘用合同方才终止，而北京商报社却在陈某离职后的2015年2月颁布《北京商报2014年度年终奖金发放办法》，通过规定"年终奖金发放前，聘用合同到期，不再续签，或者合同尚未到期却申请离职及已经离职的人员"不予发放年终奖金的方式将陈某排除在发放范围以外，二审法院认为北京商报社行使自主权超出了公平合理的界限，因而二审法院对北京商报社以此不发放陈某年终奖的理由不予支持。北京商报社主张陈某未完成考核任务，但其提供的证据不足以证明陈某应当受其提供的考核标准约束，亦未提供证据证明陈某之前年度的年终奖与考核的相关性，因而法院对北京商报不予发放陈某2014年年终奖的上诉理由不予支持。一审法院从维护劳动者合法利益的角度按照陈某离职前3年的平均年终奖金额判决北京商报社支付2014年年终奖是正确的，且金额合理适当，应予维持。

（二）裁判旨要

北京商报社对应当支付陈某职工体检易货合同提成款及提成款数额均无异议，但北京商报社无法提供相应证据证明已经发放完毕，北京商报社对所主张的事实无法举证，应当承担举证不能的不利后果。人事争议并非排除《劳动合同法》适用的理由，根据《劳动合同法》第九十六条规定，北京商报社并未向法院举证本案涉及的经济补偿金存在法律、行政法规或者国务院另有规定的情形。北京商报社行使自主权超出了公平合理的界限，因而法院对北京商报社以此不发放陈某年终奖的理由不予支持。北京商报社主张陈某未完成考核任务，但其提供的证据不足以证明陈某应当受其提供的考核标准约束，亦未提供证据证明陈某之前年度的年终奖与考核的相关性，因而法院对《北京商报》不予发放陈某 2014 年年终奖的上诉理由不予支持。

（三）律师评析

1. 准确定性人事争议是前提，但是《劳动合同法》依然适用

本案涉及人事关系是已经发生转移的原事业单位工作人员与其原单位之间发生的争议，事业单位与其工作人员之间因辞职、辞退及履行聘用合同所发生的争议，解决的程序适用《劳动法》的相关规定，实体处理适用人事方面的法律规定，在人事法律中没有规定的，适用《劳动法》。本案中根据北京商报社提供的事业单位法人证书、聘用合同及相关网页打印件，法院认定陈某与北京商报社构成人事关系，本案定性为人事争议是准确的，但人事争议并非排除《劳动合同法》适用的理由。

2. 事业单位一方承担较重的举证责任

其一，北京商报社对应当支付陈某职工体检易货合同提成款及提成款数额均无异议，北京商报社上诉认为该社已经向陈某发放完毕，但其无法提供发放的相应证据，而陈某对此予以否认。二审法院认为，北京商报社对所主张的事实无法举证，应当承担举证不能的不利后果。其二，北京商报社主张陈某未完成考核任务，但其提供的证据不足以证明陈某应当受其提供的考核标准约束，亦未提供证据证明陈某之前年度的年终奖与考核的相关性，法院认为北京商报社行使自主权超出了公平合理的界限，因而对北京商报社以此不发放陈某年终奖的理由不予支持。

（四）相关法条及司法解释

《中华人民共和国劳动法》

第一条 为了保护劳动者的合法权益，调整劳动关系，建立和维护适应社会主义市场经济的劳动制度，促进经济发展和社会进步，根据宪法，制定本法。

第二条 在中华人民共和国境内的企业、个体经济组织（以下统称用人单位）和与之形成劳动关系的劳动者，适用本法。

国家机关、事业组织、社会团体和与之建立劳动合同关系的劳动者，依照本法执行。

第七十七条 用人单位与劳动者发生劳动争议，当事人可以依法申请调解、仲裁、提起诉讼，也可以协商解决。

调解原则适用于仲裁和诉讼程序。

第七十九条 劳动争议发生后，当事人可以向本单位劳动争议调解委员会申请调解；调解不成，当事人一方要求仲裁的，可以向劳动争议仲裁委员会申请仲裁。当事人一方也可以直接向劳动争议仲裁委员会申请仲裁。对仲裁裁决不服的，可以向人民法院提起诉讼。

《中华人民共和国劳动争议调解仲裁法》

第二条 中华人民共和国境内的用人单位与劳动者发生的下列劳动争议，适用本法：

（一）因确认劳动关系发生的争议；

（二）因订立、履行、变更、解除和终止劳动合同发生的争议；

（三）因除名、辞退和辞职、离职发生的争议；

（四）因工作时间、休息休假、社会保险、福利、培训以及劳动保护发生的争议；

（五）因劳动报酬、工伤医疗费、经济补偿或者赔偿金等发生的争议；

（六）法律、法规规定的其他劳动争议。

第二十七条 劳动争议申请仲裁的时效期间为一年。仲裁时效期间从当事人知道或者应当知道其权利被侵害之日起计算。

前款规定的仲裁时效，因当事人一方向对方当事人主张权利，或者向有关部门请求权利救济，或者对方当事人同意履行义务而中断。从中断时起，仲裁时效期间重新计算。

　　因不可抗力或者有其他正当理由，当事人不能在本条第一款规定的仲裁时效期间申请仲裁的，仲裁时效中止。从中止时效的原因消除之日起，仲裁时效期间继续计算。

　　劳动关系存续期间因拖欠劳动报酬发生争议的，劳动者申请仲裁不受本条第一款规定的仲裁时效期间的限制；但是，劳动关系终止的，应当自劳动关系终止之日起一年内提出。

后 记

2018年在康达三十周年的庆典时，我就有一个心愿，邀请康达的同人们，就经典的案例，进行分析和解读，整理一套解读司法观点的丛书。一来可以总结执业经验，培养和提升律师和团队的专业化水平；二来可以解答很多当事人的疑惑；同时也给后来的法律人提供借鉴。囿于繁杂的事务和碎片化的时间，断断续续的写作一直没有大的成果。2020年新冠肺炎疫情期间，我们在原来研究的基础上，和团队的小伙伴分工合作，重新开始了创作。我们把《证券纠纷裁判精要》及《公司纠纷裁判精要》书稿完成以后，大家意犹未尽，想接着编写。开始时大家想就民法典有关问题解读，因为《中华人民共和国民法典》实施不久，案例不多，而劳动人事争议事关每个劳动者和用工单位，涉及千家万户。所以经康达劳动法专业委员会主任熊梦颖同志提议，编写了本书。为了更好地打磨书稿，我们又根据出版社编辑要求和提示，反复修订。特别是庞从容老师，对于我们的选题和有关写作问题，提出了极为重要和宝贵的意见，目的是提高质量，不要浪费广大读者的宝贵时间，让读者读有所获！应当说，参与本书写作的小伙伴们都尽了力！在本书的写作过程中，得到了康达付洋主席的指导，并对如何入选康达文库作了指示，康达元老李磊律师自始至终都关心指导，乔佳平主任、任永明律师等所领导非常关心，领导们的关心给予我们写作巨大的动力，也鞭策我们更加认真和努力，决心要把系列丛书编下去。

感谢团队小伙伴的尽情付出，他们分别是：赵玉来编写第一、二章，王敏编写第六、八章，熊梦颖编写第九章，赵正阳编写第三章，李聿钊编写第十二章，冯丹阳编写第十、十一章，解珏编写第四章，唐弘易编写第五、七章。还要感谢我们团队的行政秘书刘岩同志，为我们的丛书出版提供保障服务。

在初步战胜疫情之际，提交书稿出版，确实是一个不小的收获，适逢两会胜利闭幕，本书也算学习两会精神的一个礼物。但愿本书能给读者有所启示和启发。是为后记。

2021 年 3 月于北京市康达律师事务所